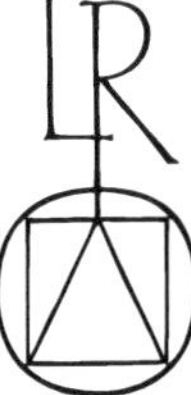

Herman Grimm: Die neue Religion

Ein Comicstrip von 1848

Herausgegeben von

Peter Sprengel

Reichert Verlag

Bibliografische Information der Deutschen Nationalbibliothek
Die Deutsche Nationalbibliothek verzeichnet diese Publikation in der Deutschen Nationalbibliografie;
detaillierte bibliografische Daten sind im Internet über http://dnb.dnb.de abrufbar.

Gedruckt auf säurefreiem Papier
(alterungsbeständig – pH 7, neutral)

© Dr. Ludwig Reichert Verlag Wiesbaden 2025
Tauernstraße 11, 65199 Wiesbaden
info@reichert-verlag.de, www.reichert-verlag.de

ISBN: 978-3-7520-0915-6 (Print)
eISBN: 978-3-7520-0356-7 (Ebook)
https://doi.org/10.29091/9783752003567

Das Werk einschließlich aller seiner Teile ist urheberrechtlich geschützt.
Jede Verwertung außerhalb der engen Grenzen des Urheberrechtsgesetzes ist ohne Zustimmung des Verlages unzulässig und strafbar.
Das gilt insbesondere für Vervielfältigungen, Übersetzungen, Mikroverfilmungen und die Speicherung und Verarbeitung in elektronischen Systemen.
Der Verlag behält sich das Text und DataMining nach § 44b UrhG vor,
was hiermit Dritten ohne Zustimmung des Verlages untersagt ist.

Inhalt

Die neue Religion
December 1848

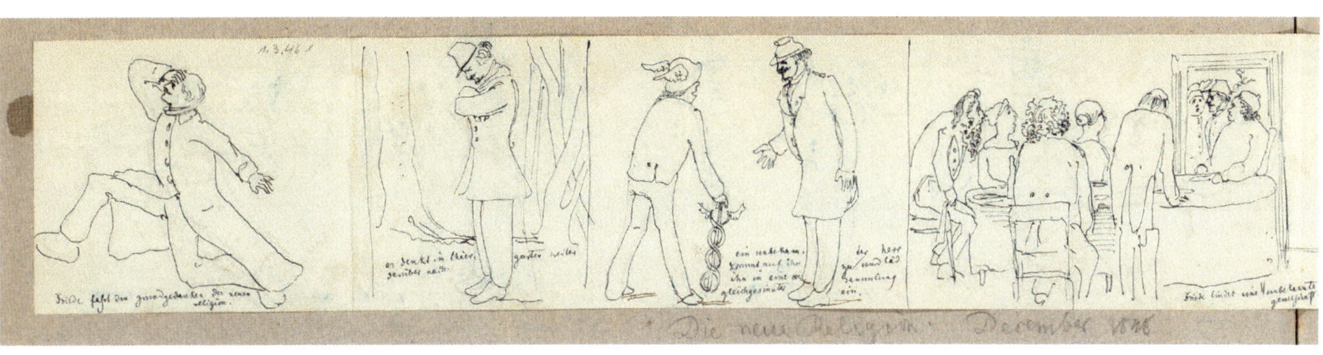

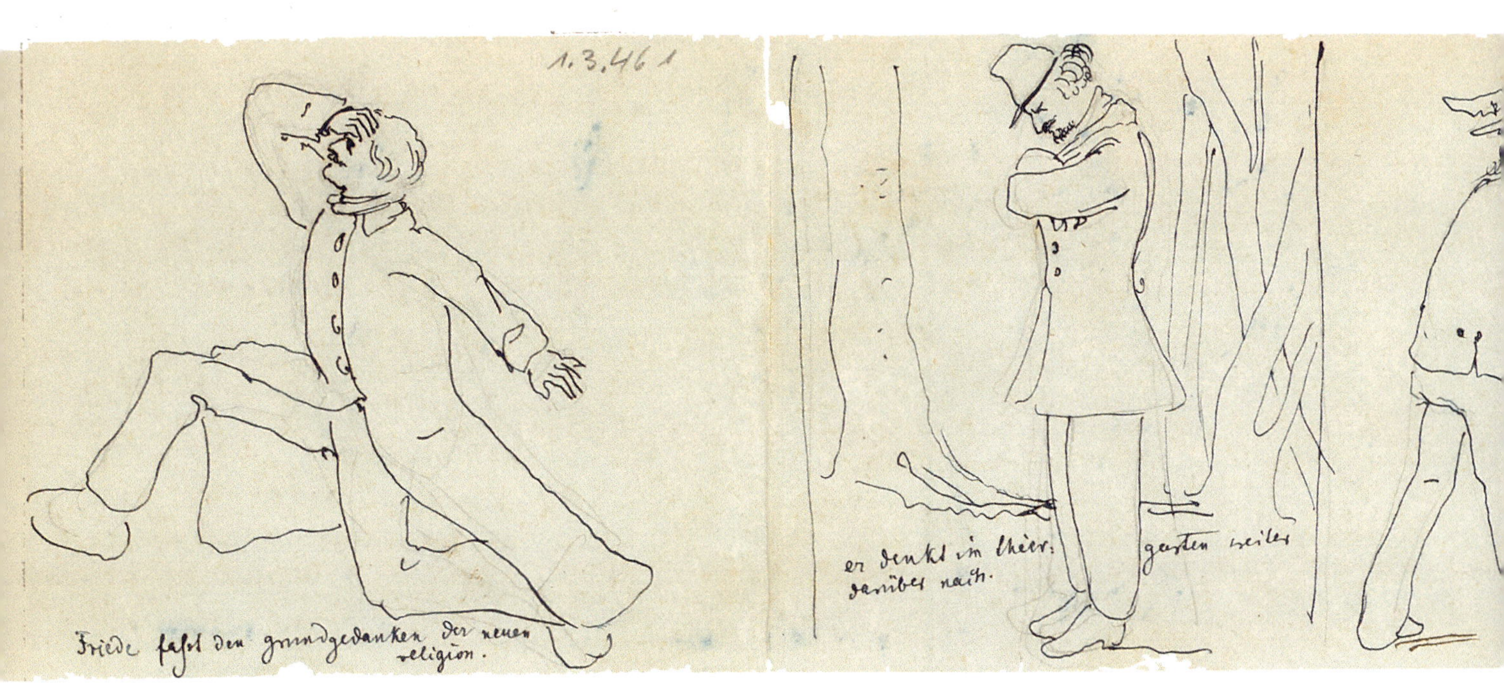

1. Friede faßt den grundgedanken der neuen religion.

2. er denkt im thiergarten weiter darüber nach.

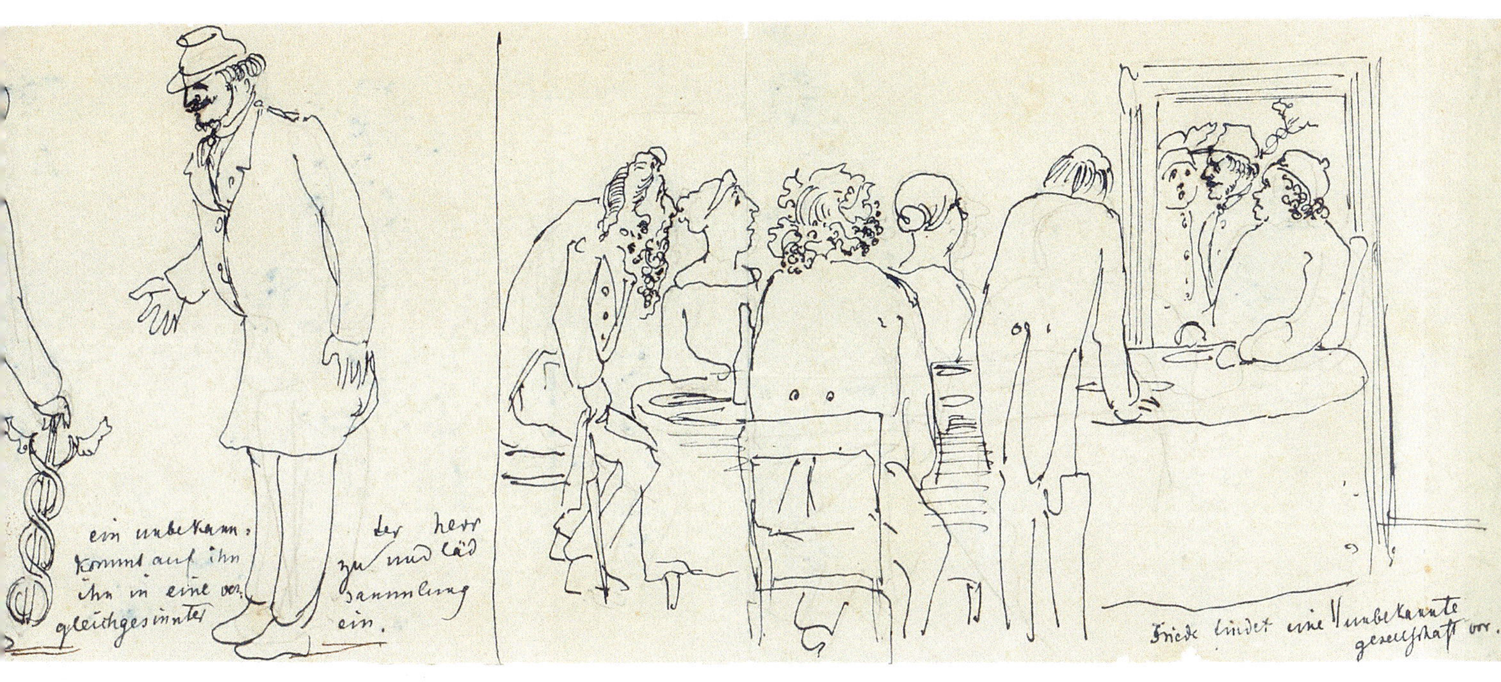

3. ein unbekannter herr kommt auf ihn zu und läd ihn in eine versammlung gleichgesinnter ein.

4. Friede findet eine unbekannte gesellschaft vor.

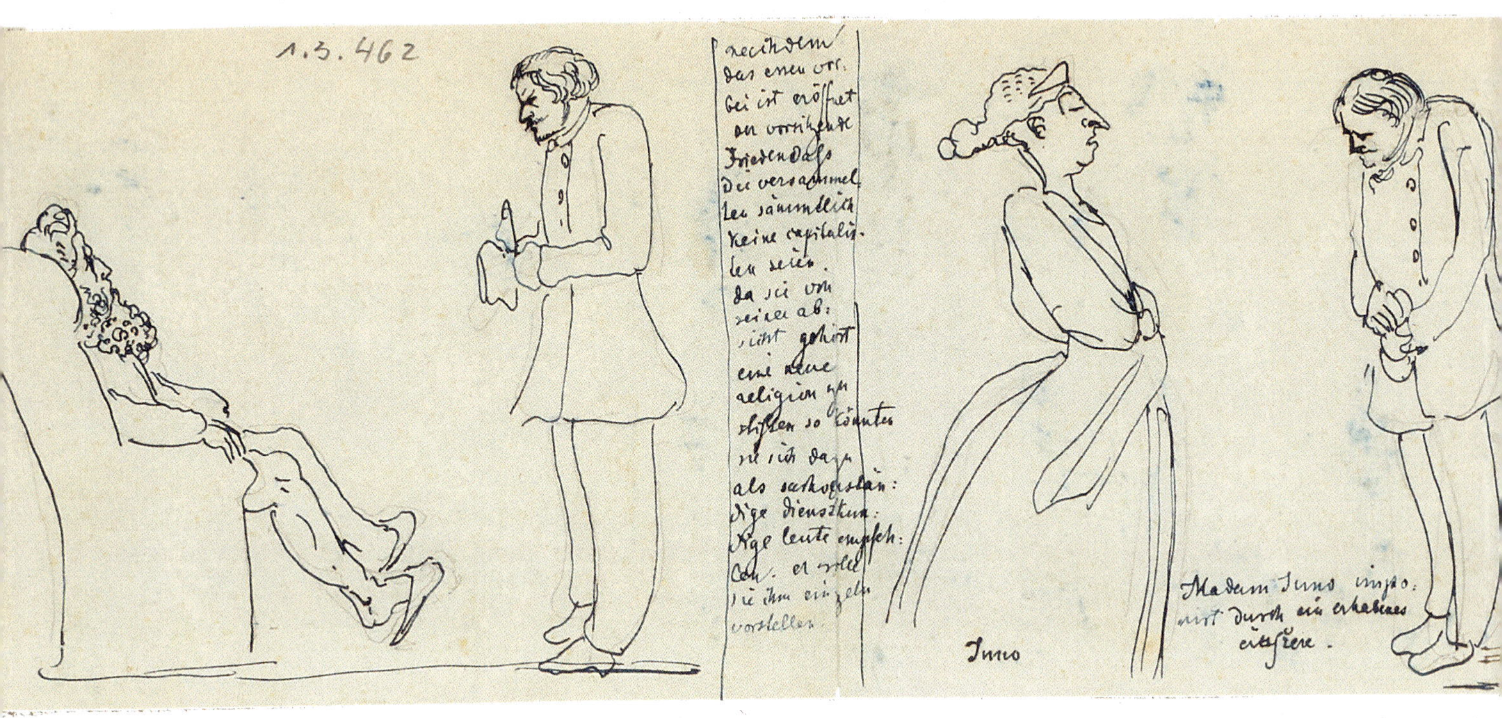

5. nachdem das essen vorbei ist eröffnet der vorsitzende Frieden daß die versammelten sämmtlich keine capitalisten seien. da sie von seiner absicht gehört eine neue religion zu stiften so könnten sie sich dazu als sachverständige dienstkundige leute empfehlen. er wolle sie ihm einzeln vorstellen.

6. (Juno) Madam Juno imponirt durch ein erhabenes äußere.

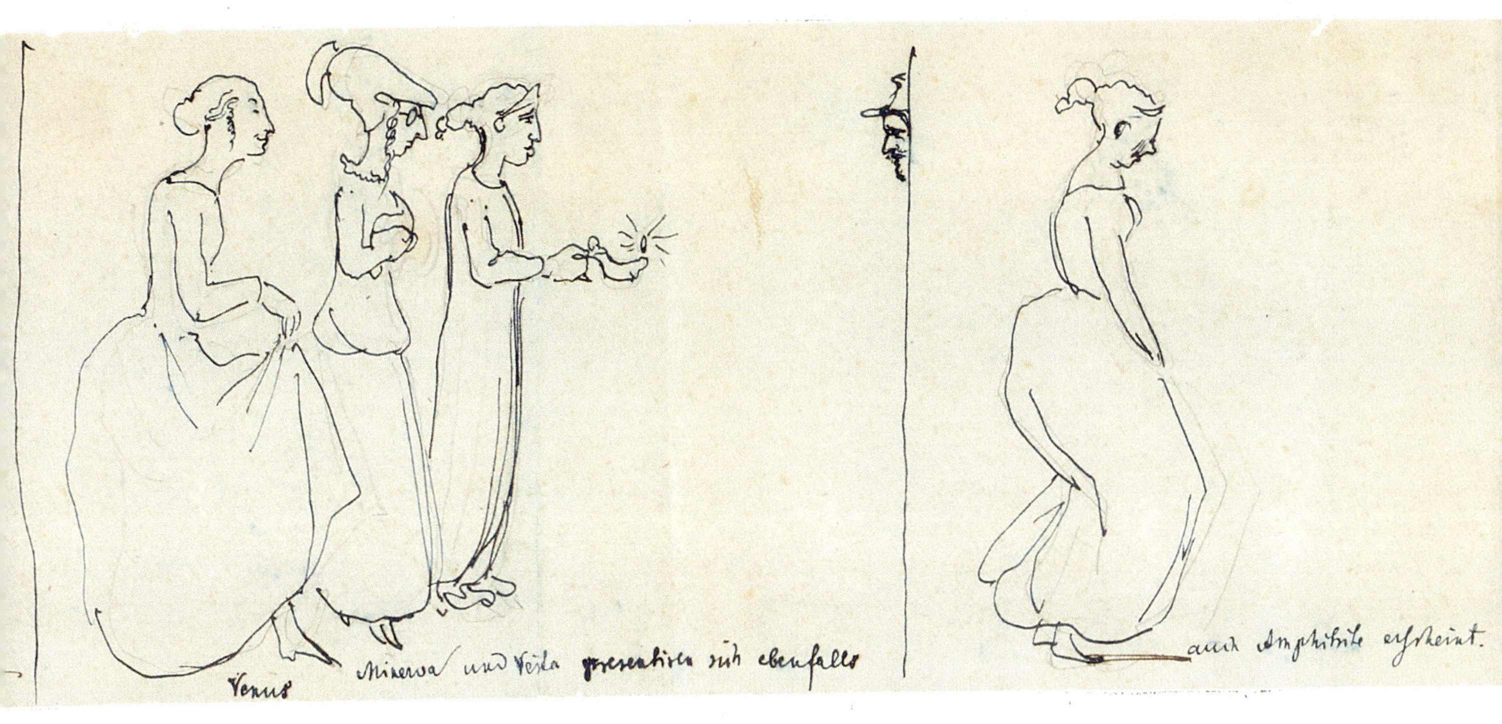

7. Venus Minerva und Vesta presentiren sich ebenfalls

8. auch Amphitrite erscheint.

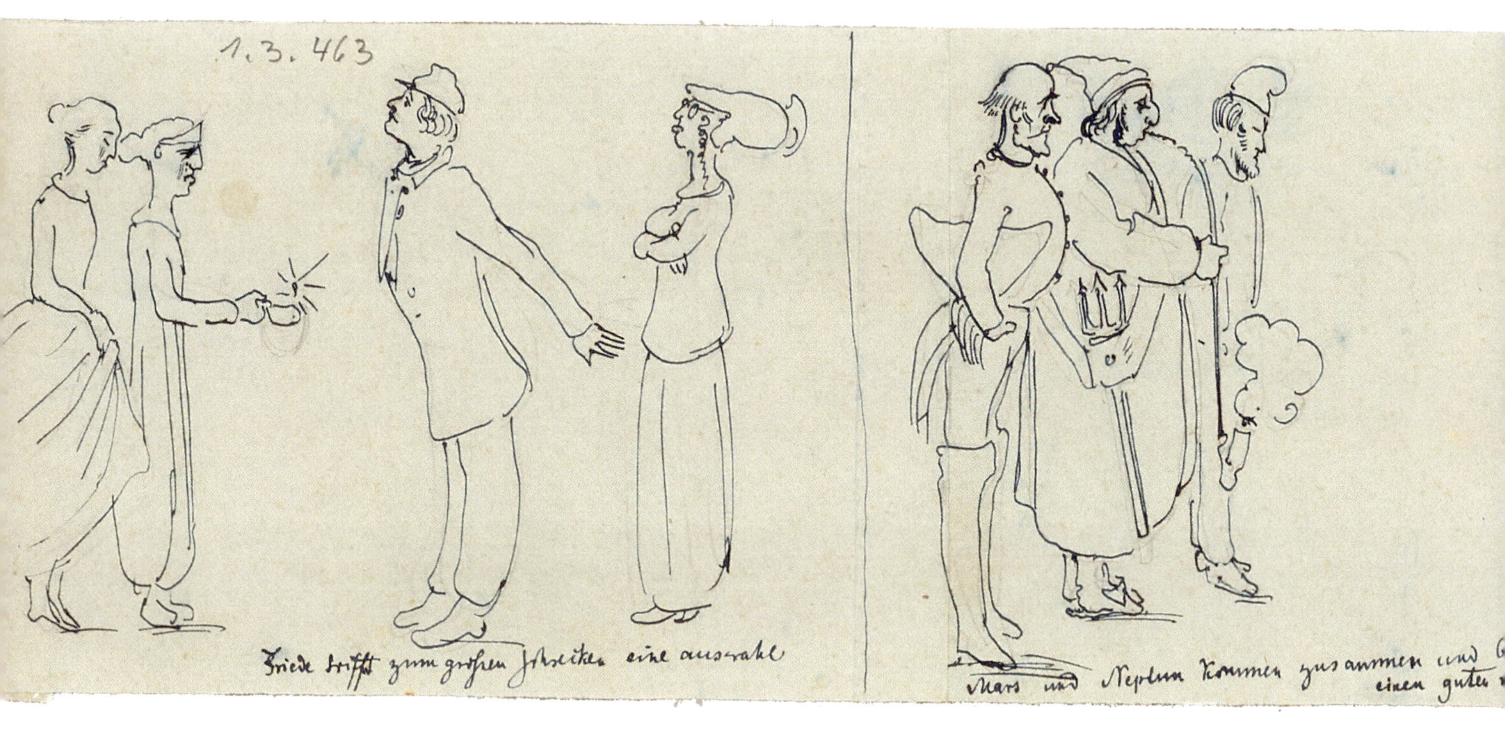

9. Friede trifft zum großen schrecken eine auswahl

10. Mars und Neptun kommen zusammen und beanspruchen einen guten mittagstisch.

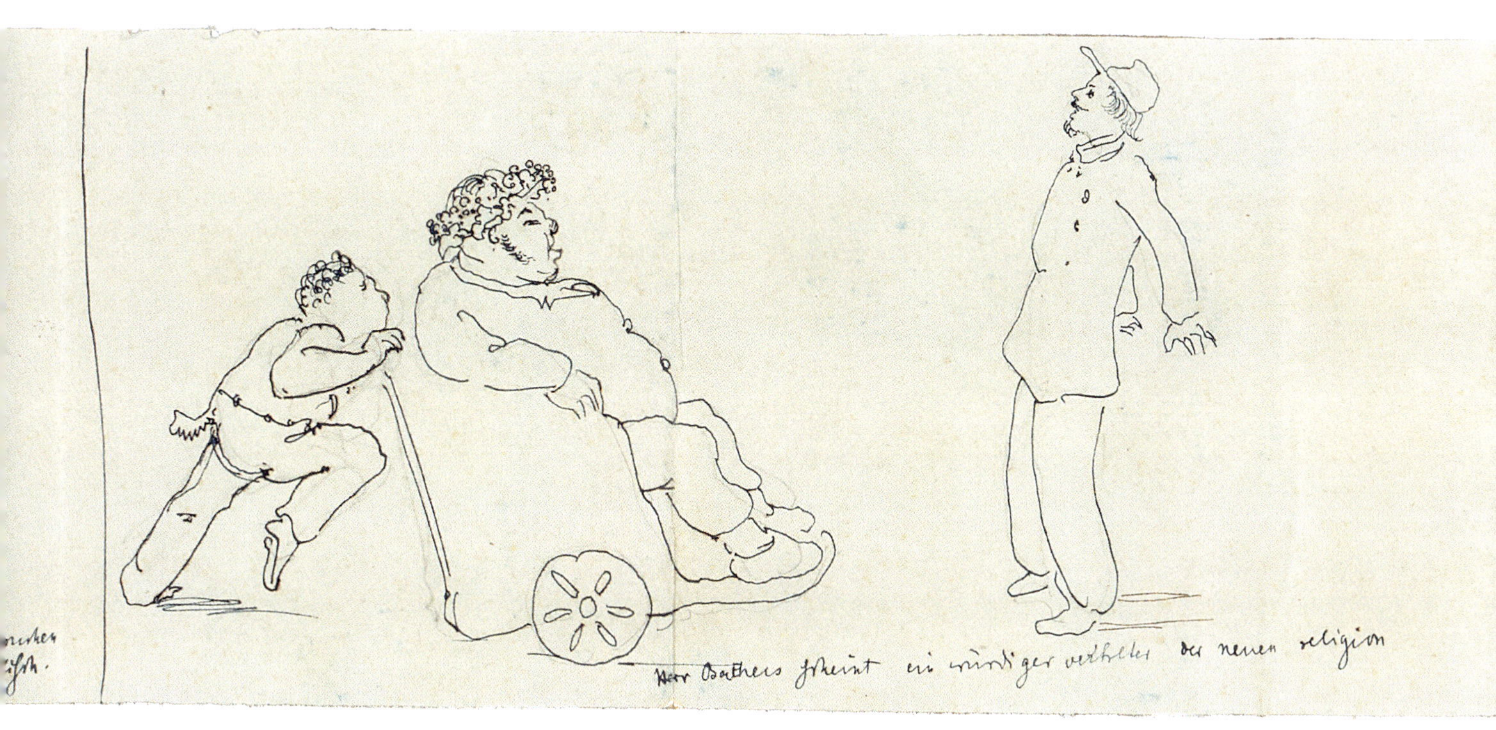

11. Herr Bachus scheint ein würdiger vertreter der neuen religion

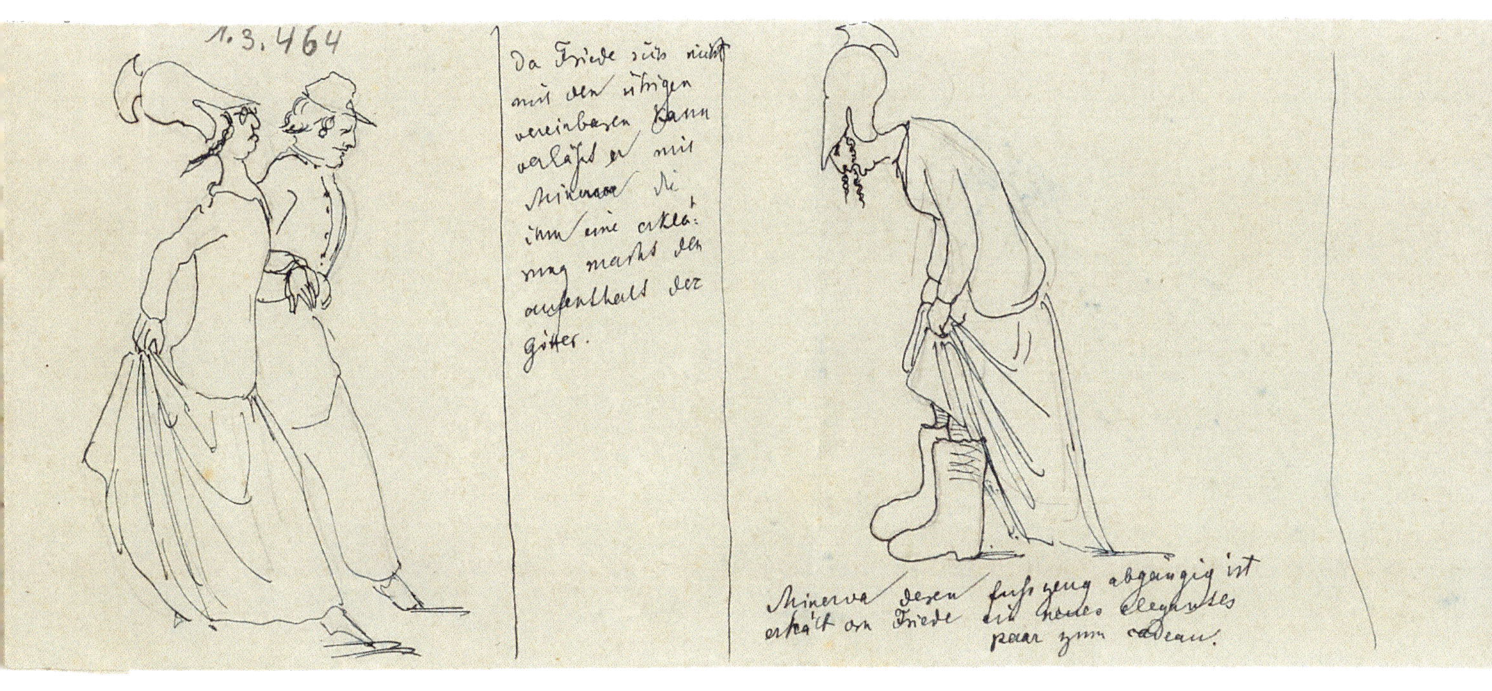

12. Da Friede sich nicht mit den übrigen vereinbaren kann verläßt er mit Minerva die ihm eine erklärung macht den aufenthalt der götter.

13. Minerva deren fußzeug abgängig ist erhält von Friede ein neues elegantes paar zum cadeau.

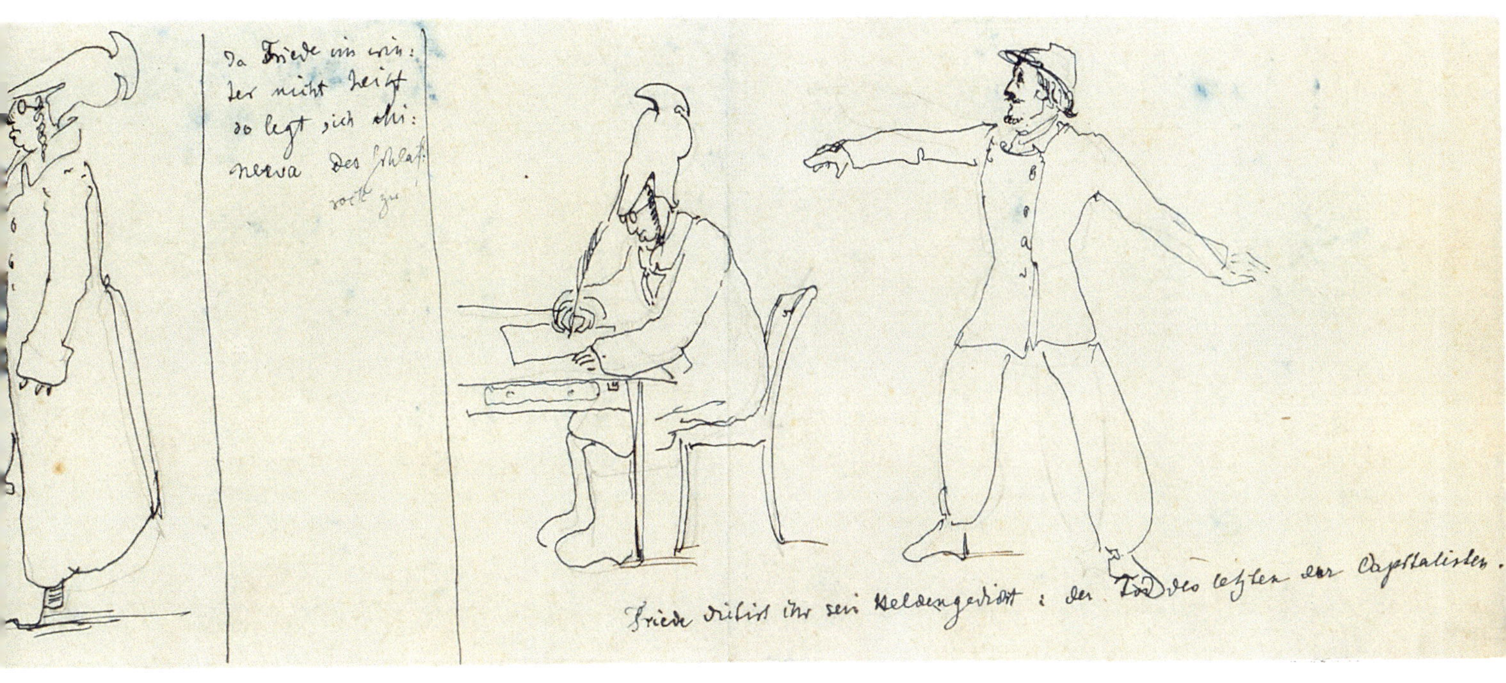

14. Da Friede im winter nicht heizt so legt sich Minerva des[sen] Schlafrock zu

15. Friede dictirt ihr sein Heldengedicht: der Tod des letzten der Capitalisten.

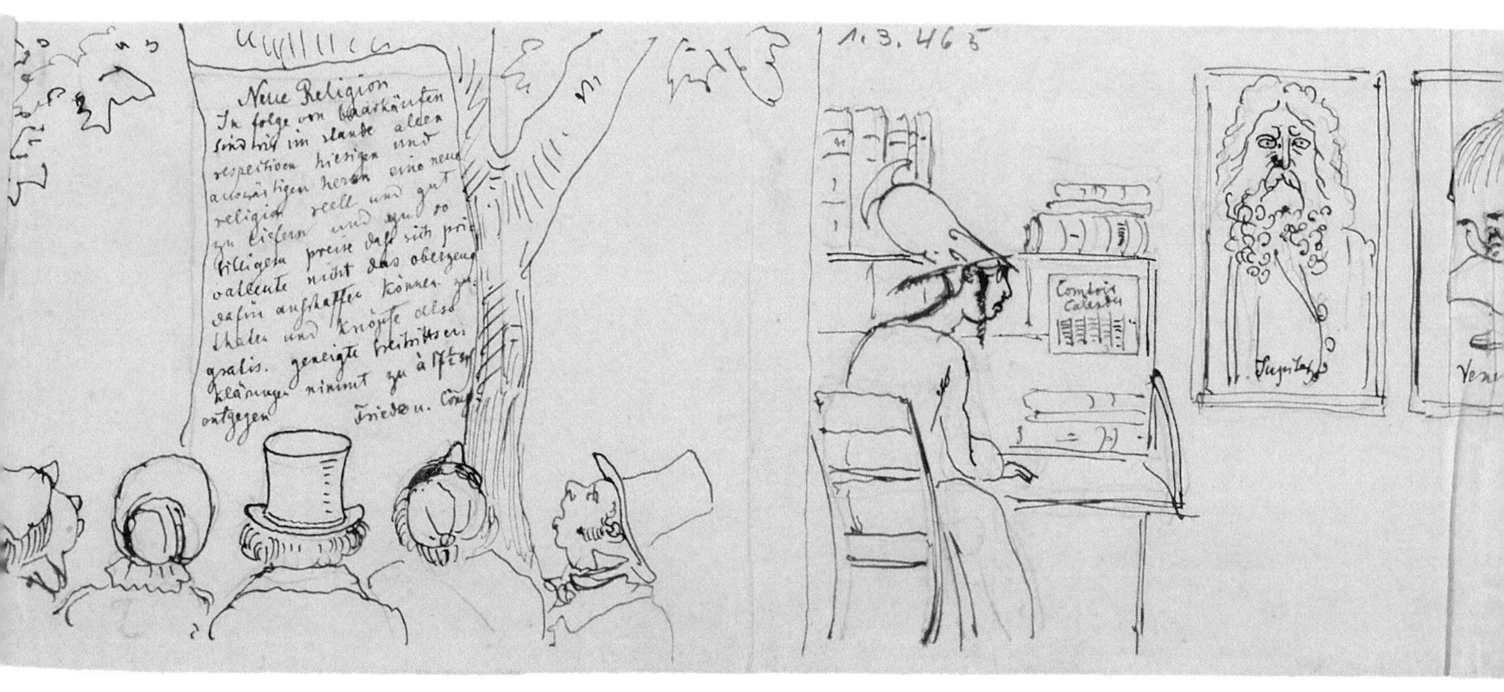

16. [Plakat:] Neue Religion
In folge von baarkäufen sind wir im stande allen respectiven hiesigen und auswärtigen herrn eine neue religion reell und gut zu liefern und zu so billigem preise daß sich privatleute nicht das oberzeug dafür anschaffen können. zuthaten und knöpfe also gratis. geneigte beitrittserklärungen nimmt zu à 17 ½ spf entgegen Friede u. Comp.

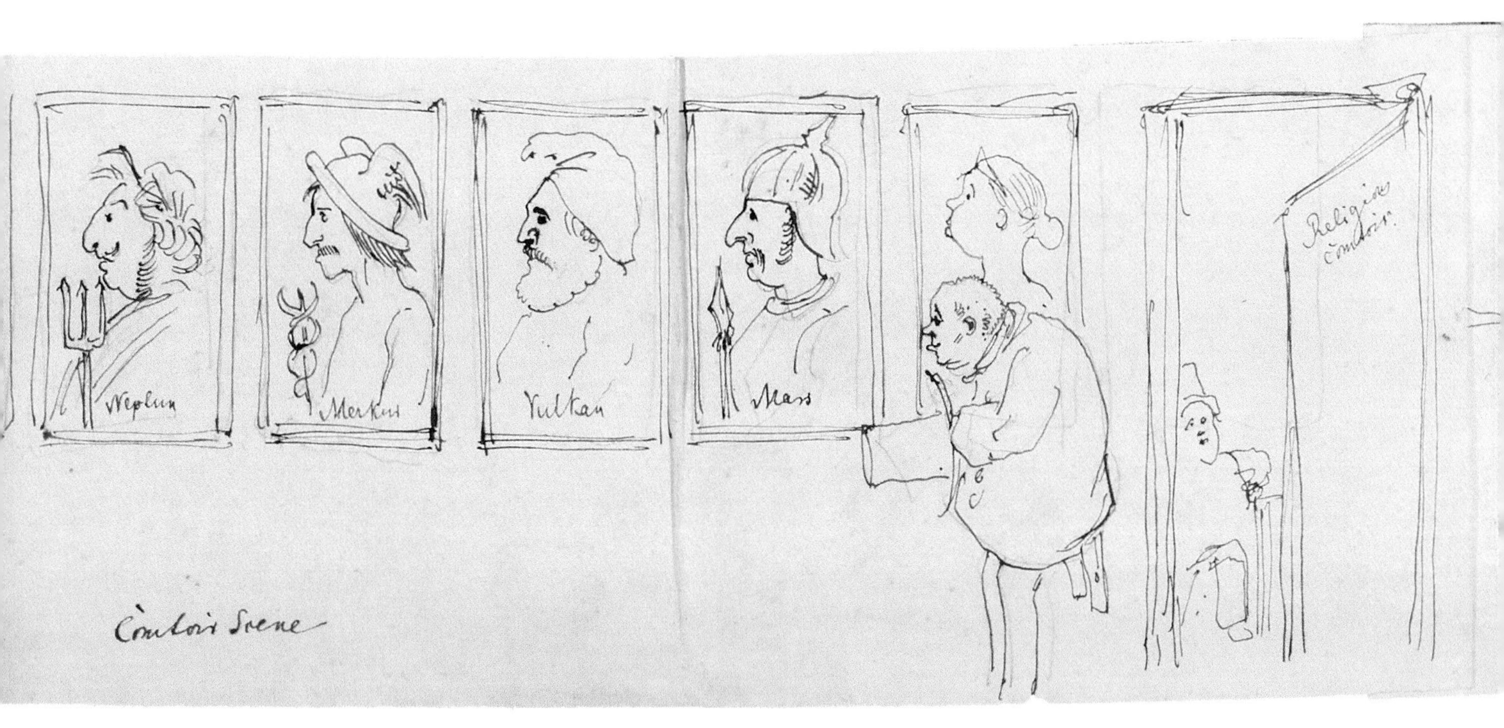

17. Comtoir Scene (Comtoir Calender / Jupiter / Venus / Neptun / Merkur / Vulkan / Mars / Religionscomtoir)

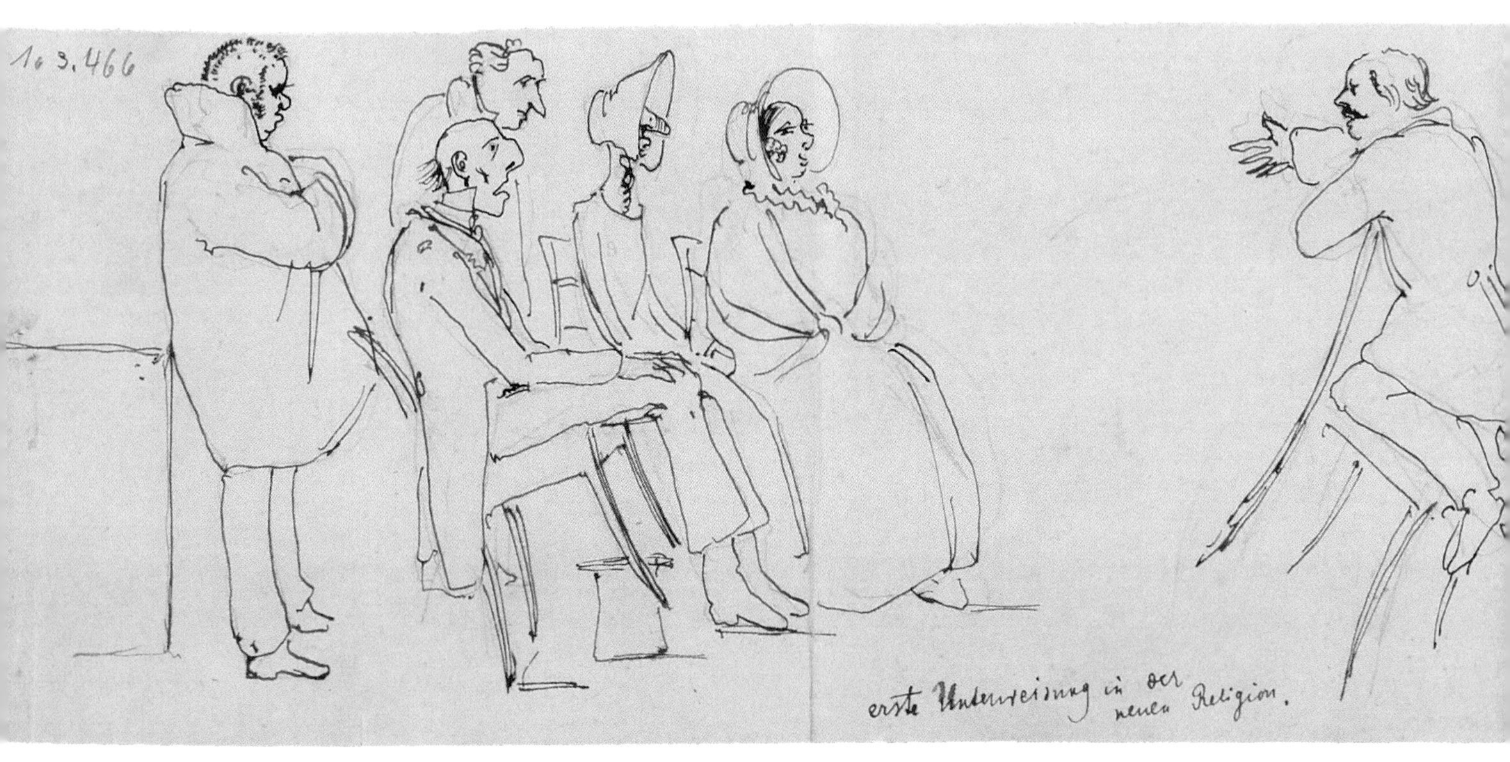

18. erste Unterweisung in der neuen Religion.

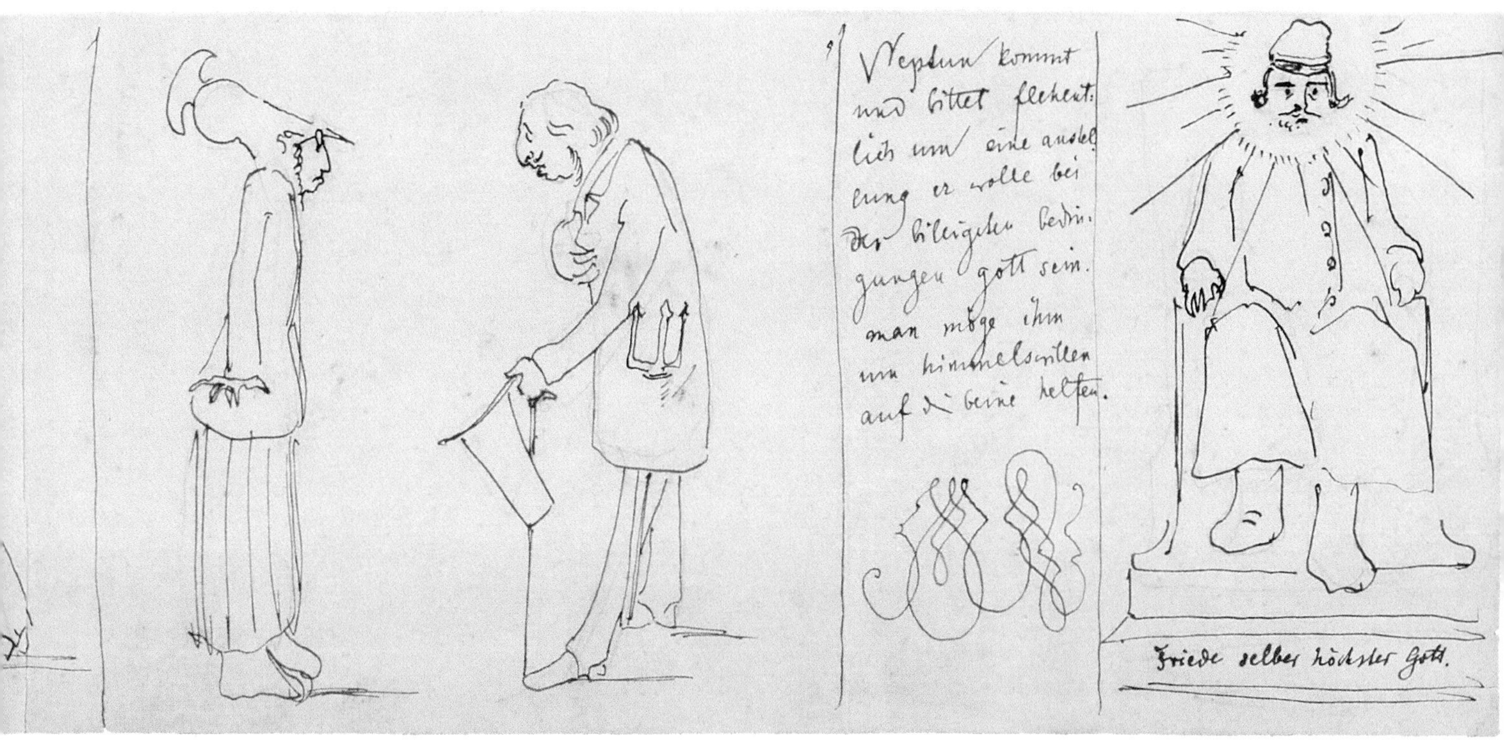

19. Neptun kommt und bittet flehentlich um eine anstellung er wolle bei den billigsten bedingungen gott sein. man möge ihm um himmelswillen auf die beine helfen.

20. Friede selber höchster Gott.

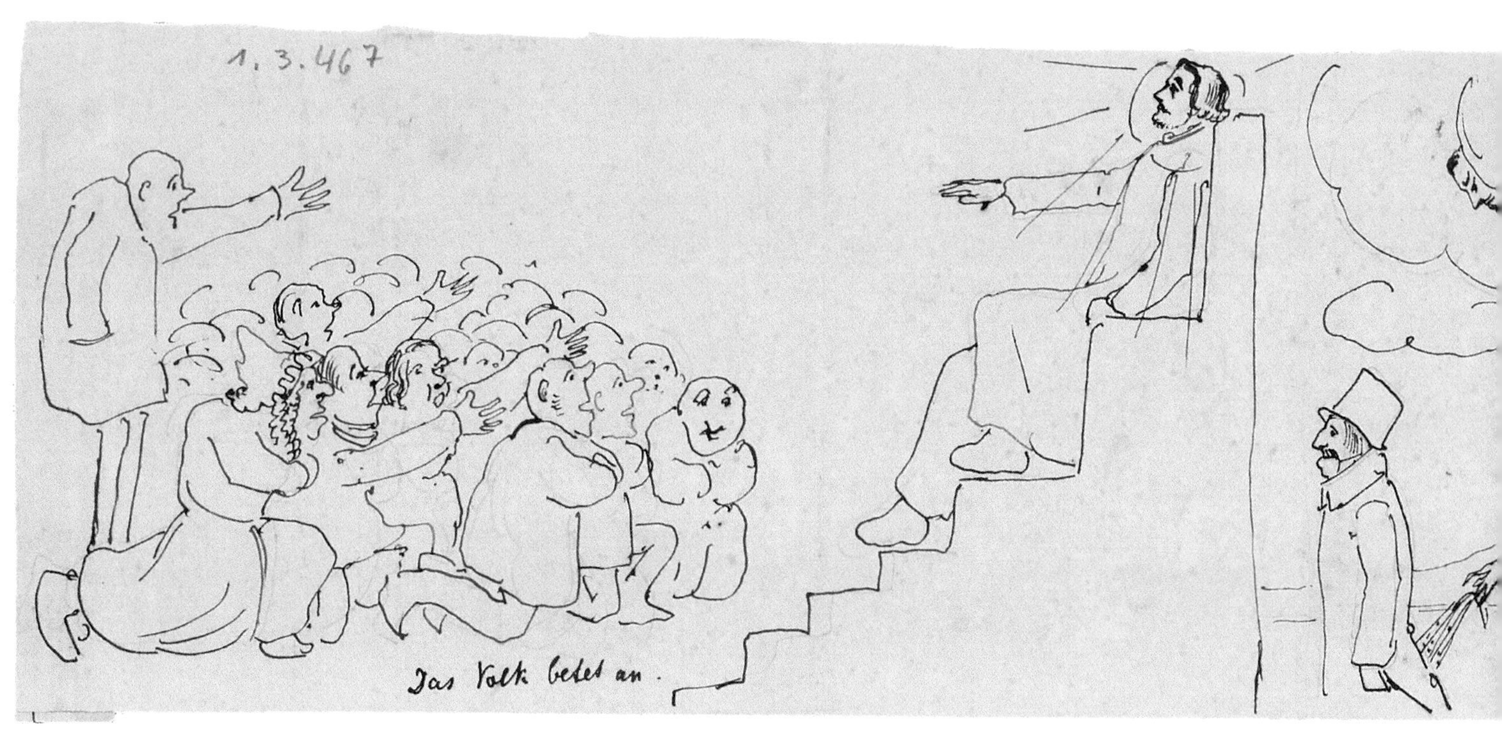

21. das Volk betet an.

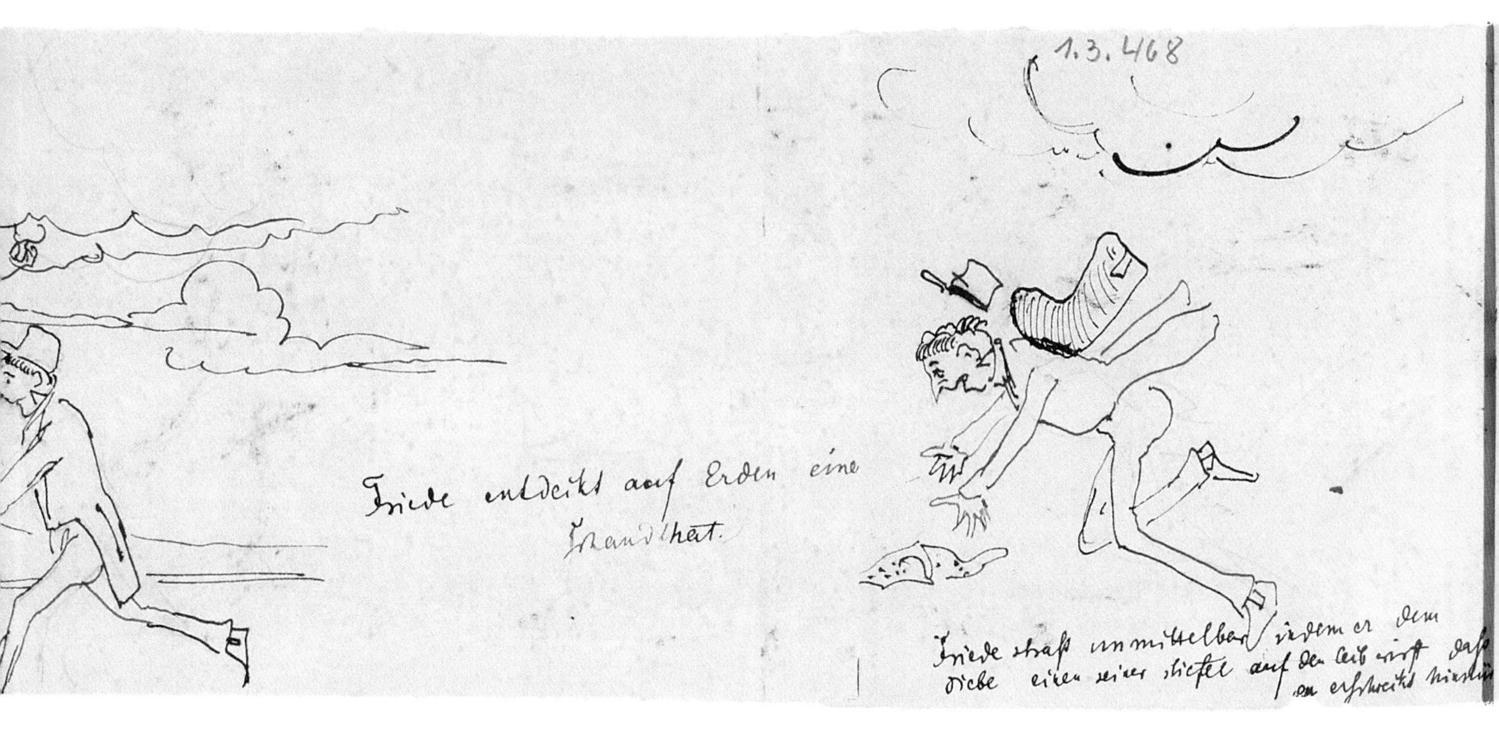

22. Friede entdeckt auf Erden eine Schandthat.

23. Friede straft unmittelbar indem er dem diebe einen seiner stiefel auf den leib wirft daß er erschreckt hinstür[zt]

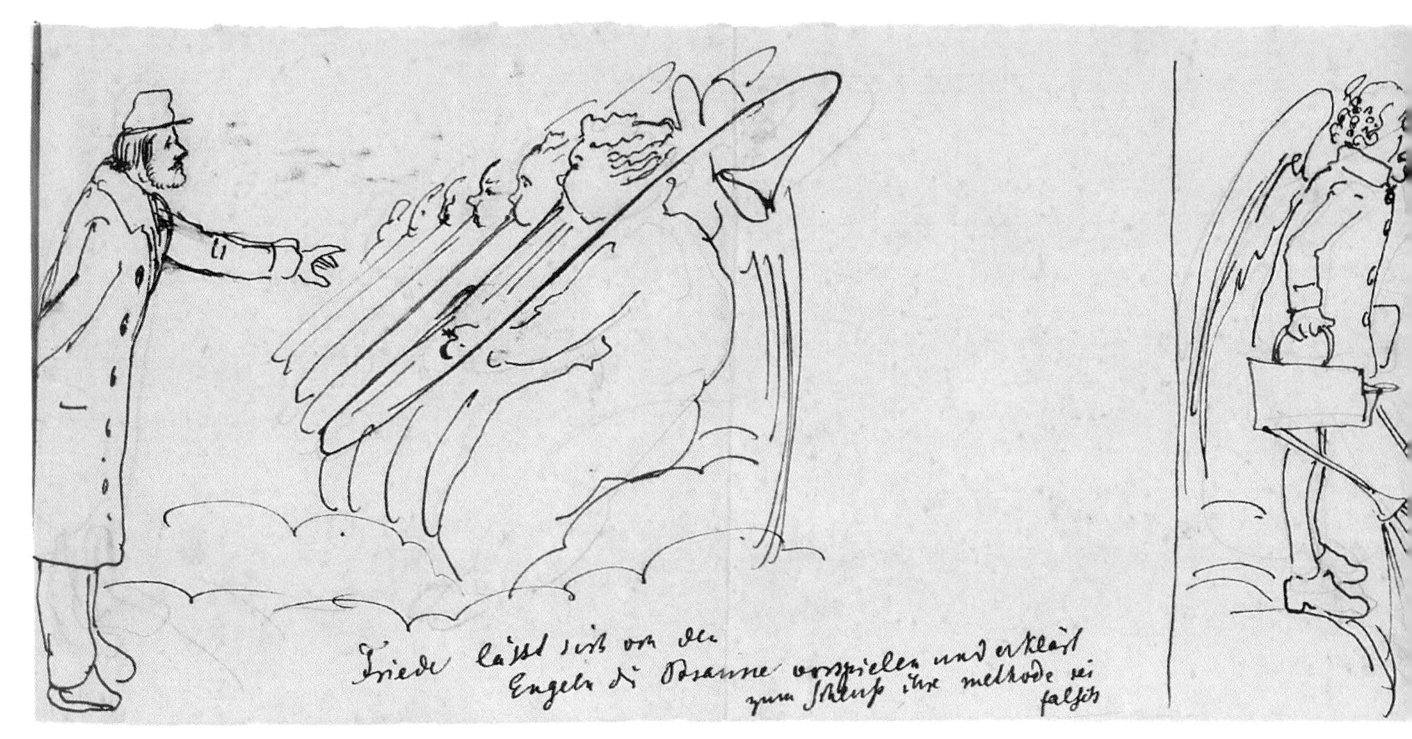

24. Friede lässt sich von den Engeln die Posaune vorspielen und erklärt zum Schluß ihre methode sei falsch

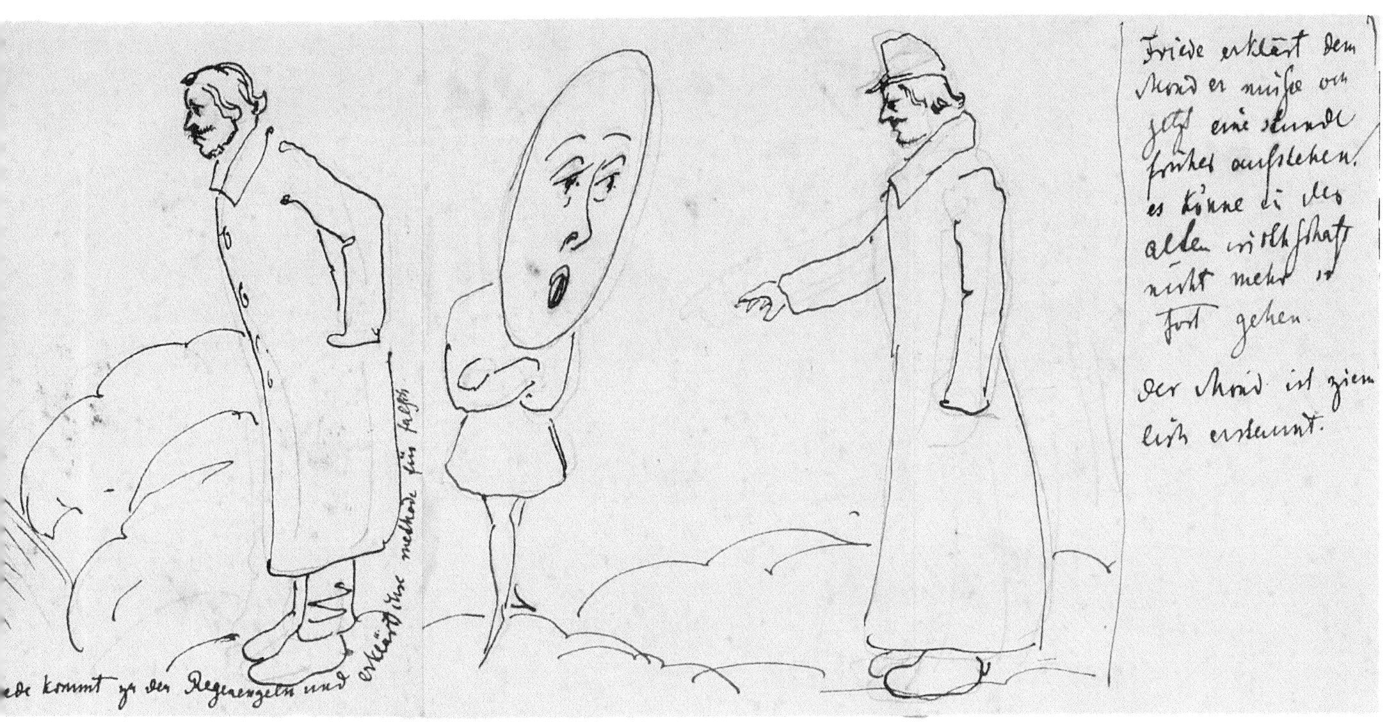

25. Friede kommt zu den Regenengeln und erklärt ihre methode für falsch

26. Friede erklärt dem Mond er müße von jetzt eine stunde früher aufstehen. es könne in der alten wirthschaft nicht mehr so fort gehen.
der Mond ist ziemlich erstaunt.

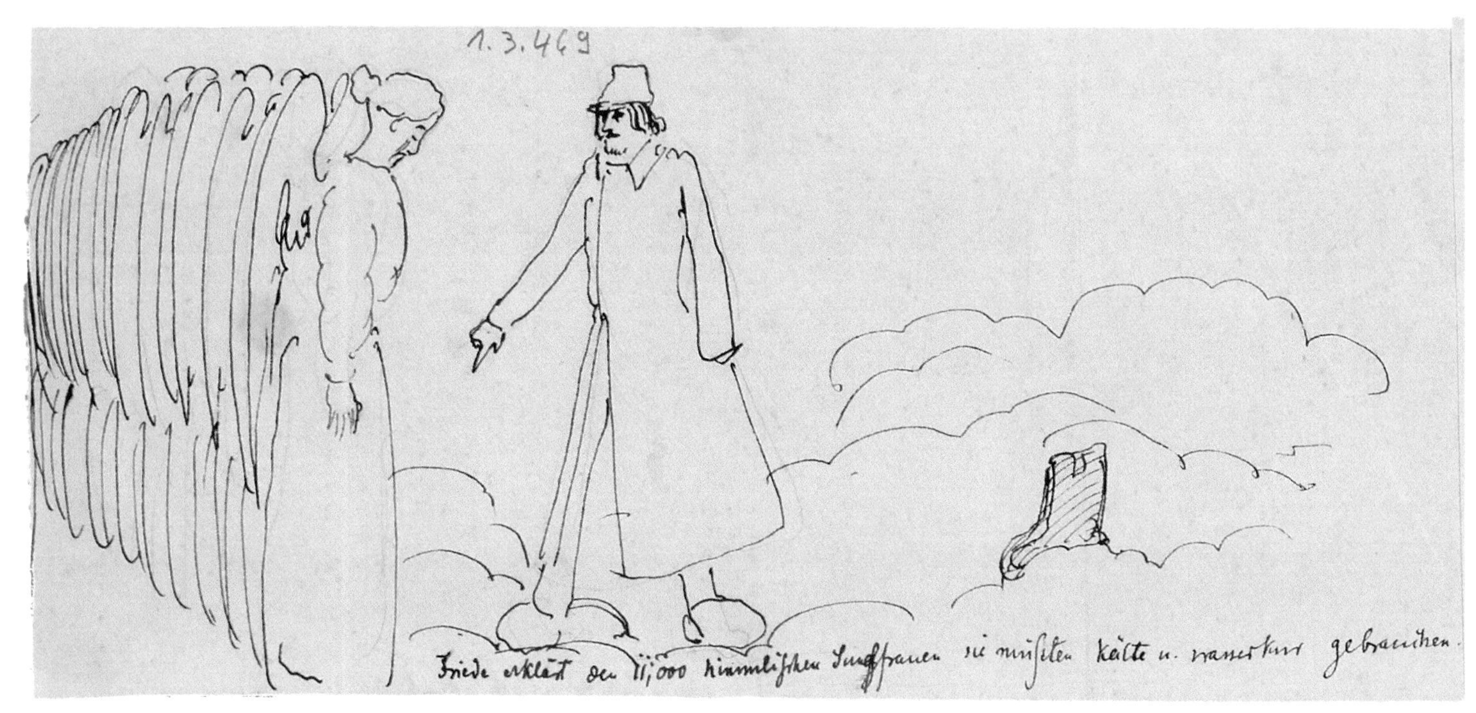

27. Friede erklärt den 11000 himmlischen Jungfrauen sie müßten kälte u. wasserkur gebrauchen.

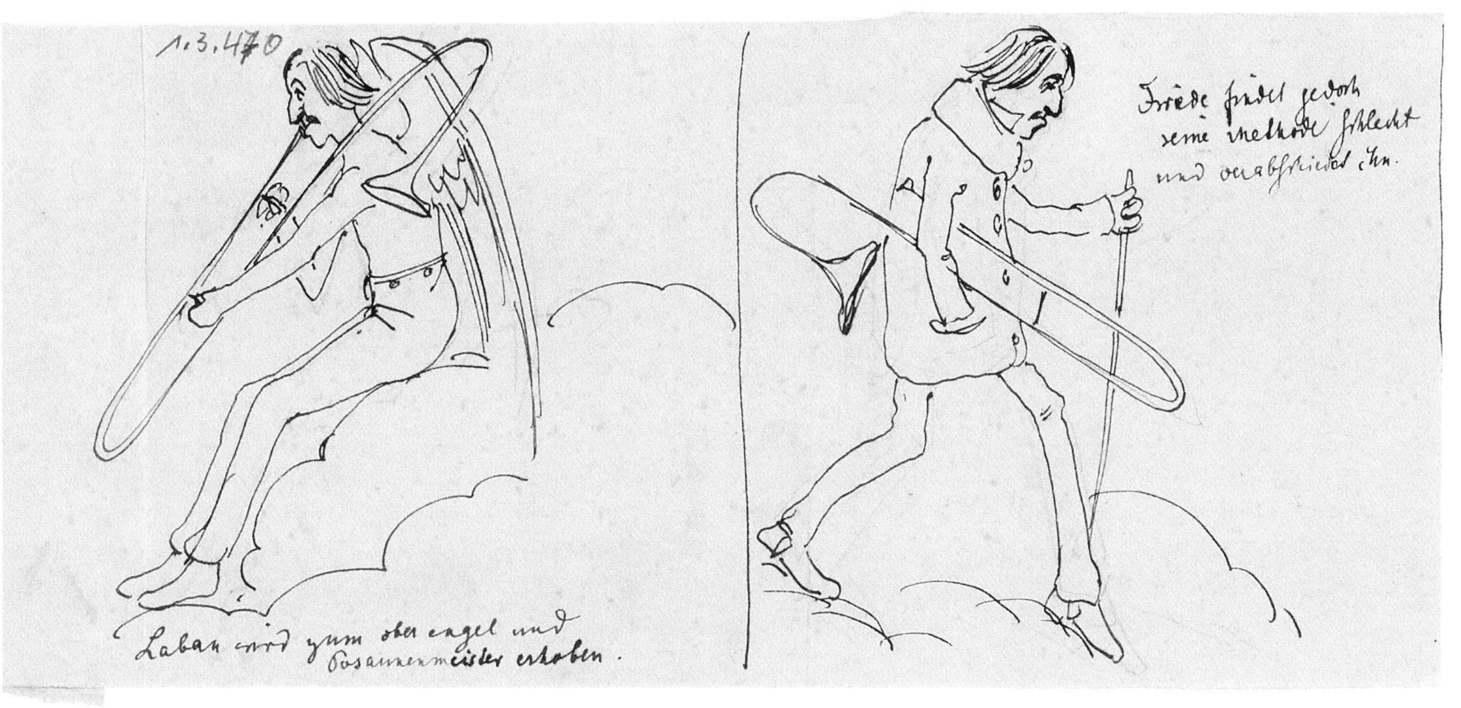

28. Laban wird zum ober engel und Posaunenmeister erhoben.

29. Friede findet jedoch seine methode schlecht und verabschiedet ihn.

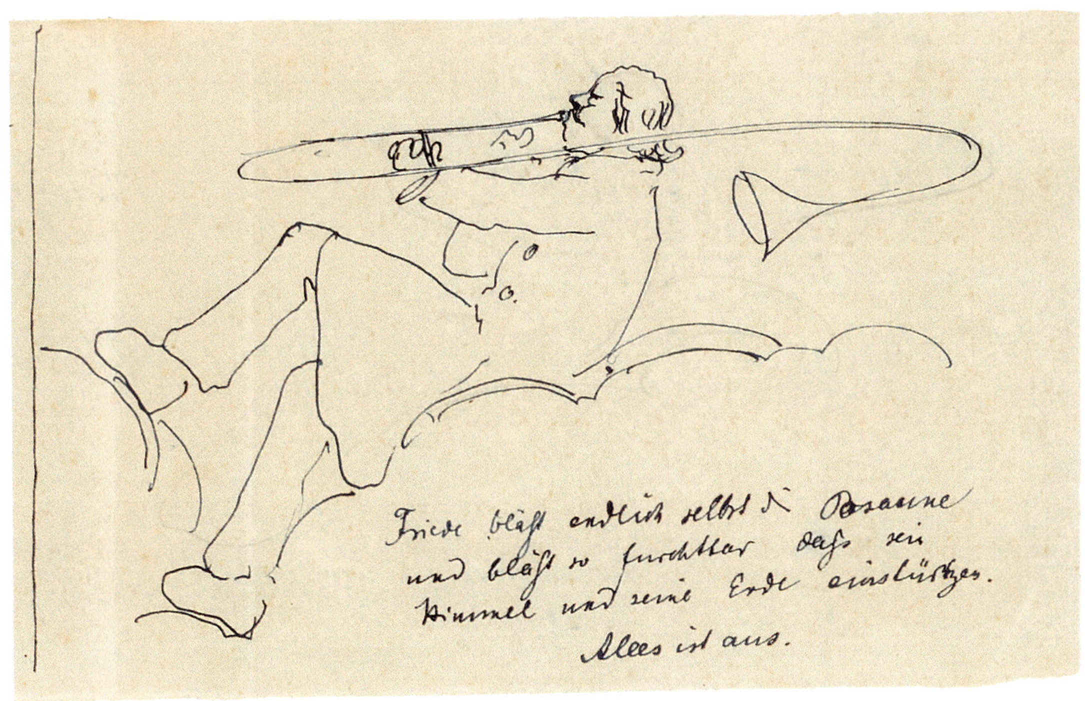

30. Friede bläst endlich selbst die Posaune und bläst so furchtbar daß sein Himmel und seine Erde einstürzen. Alles ist aus.

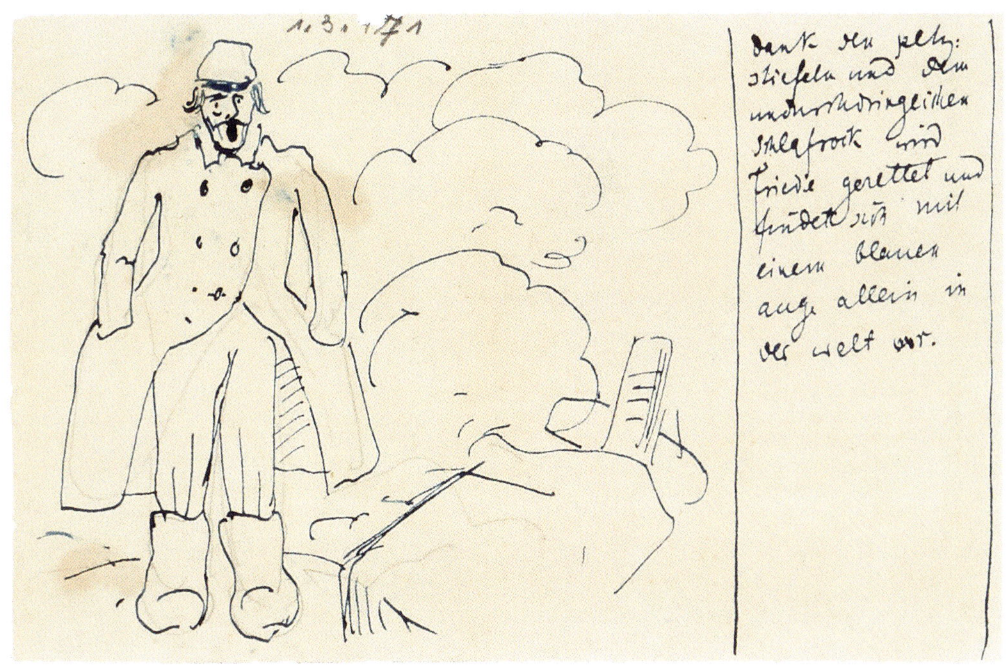

31. dank den pelzstiefeln und dem undurchdringlichen schlafrock wird Friede gerettet und findet sich mit einem blauen auge allein in der welt vor.

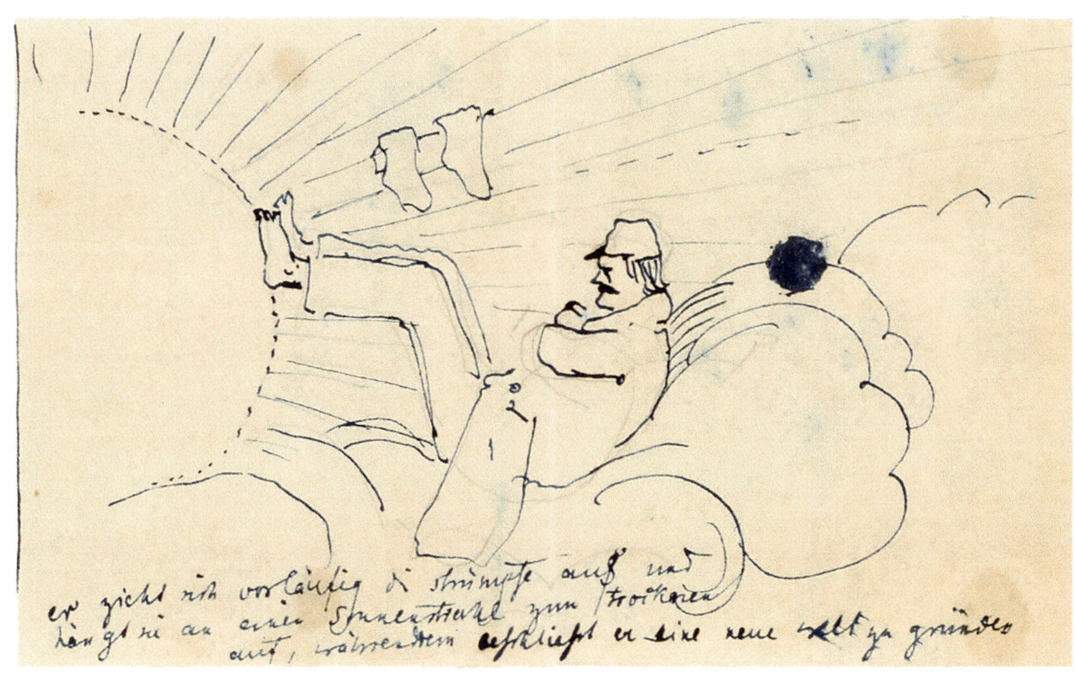

32. er zieht sich vorläufig die strümpfe aus und hängt sie an einen Sonnenstrahl zum Trocknen auf, währenddem beschließt er eine neue welt zu gründen

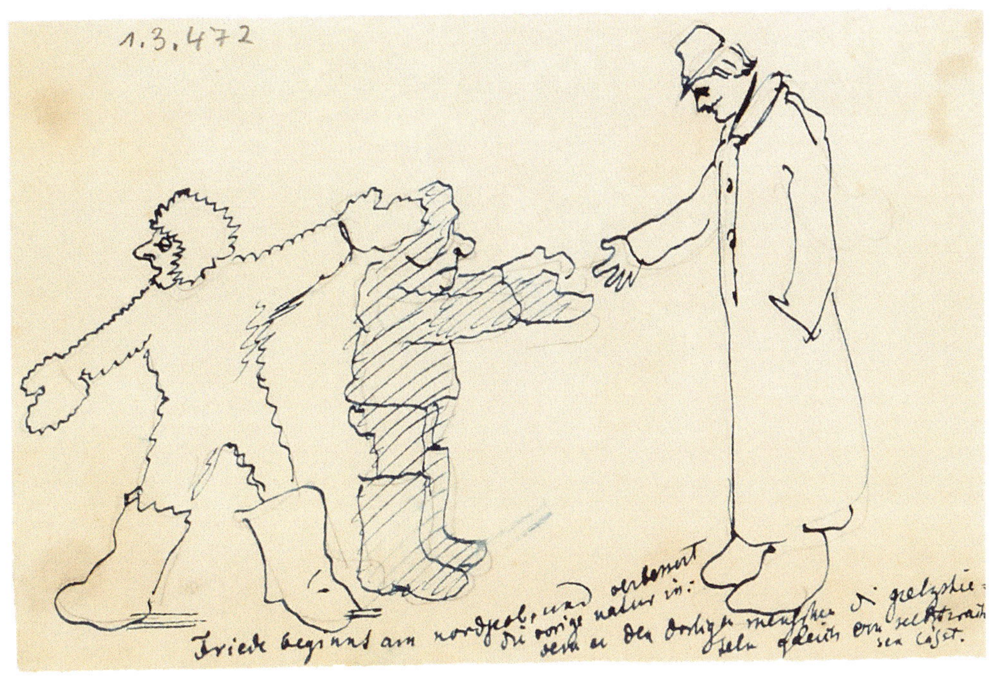

33. Friede beginnt am nordpol, und verbessert die vorige natur indem er den dortigen menschen die pelzstiefeln gleich von selbst wachsen läßt.

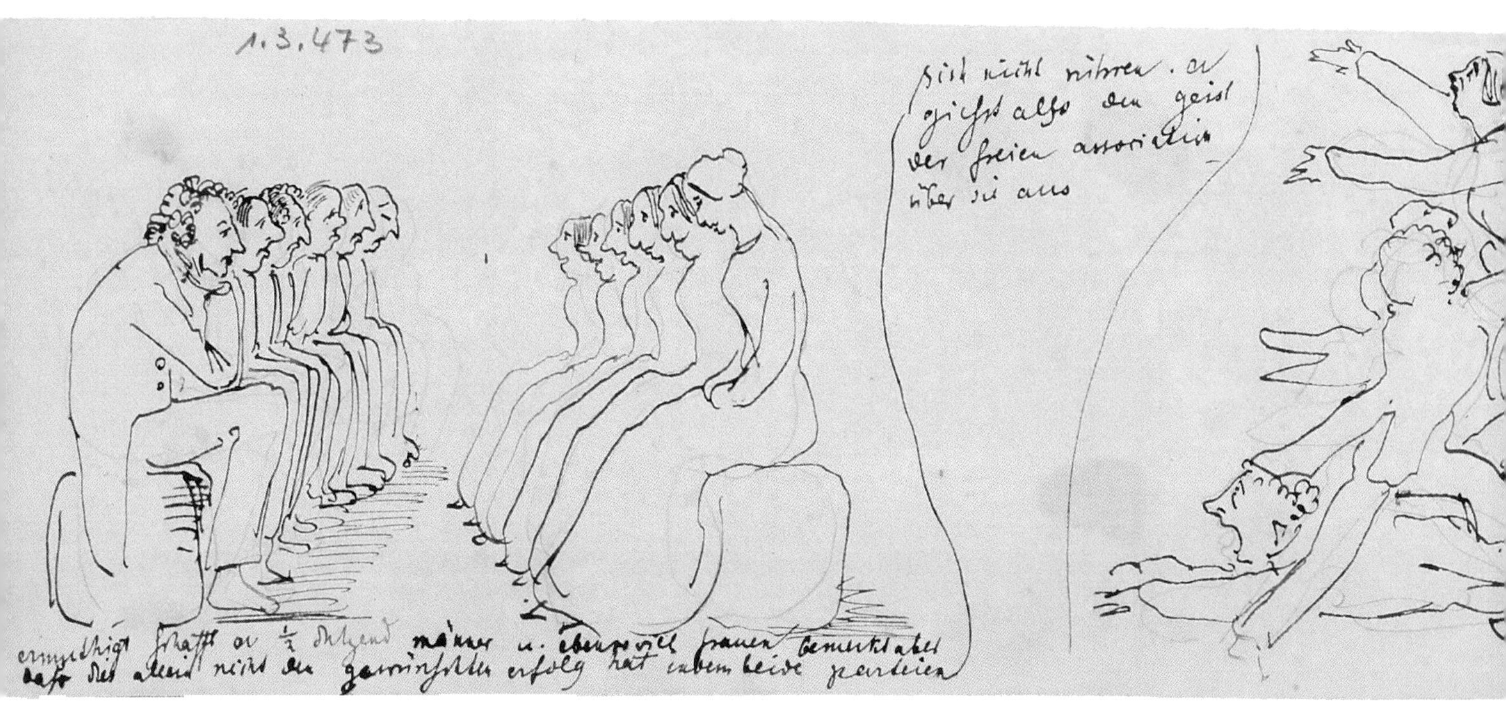

34. ermuthigt schafft er ½ dutzend männer u. ebenso viel frauen bemerkt aber daß dies allein nicht den gewünschten erfolg hat indem beide parteien sich nicht rühren. er gießt also den geist der freien association über sie aus

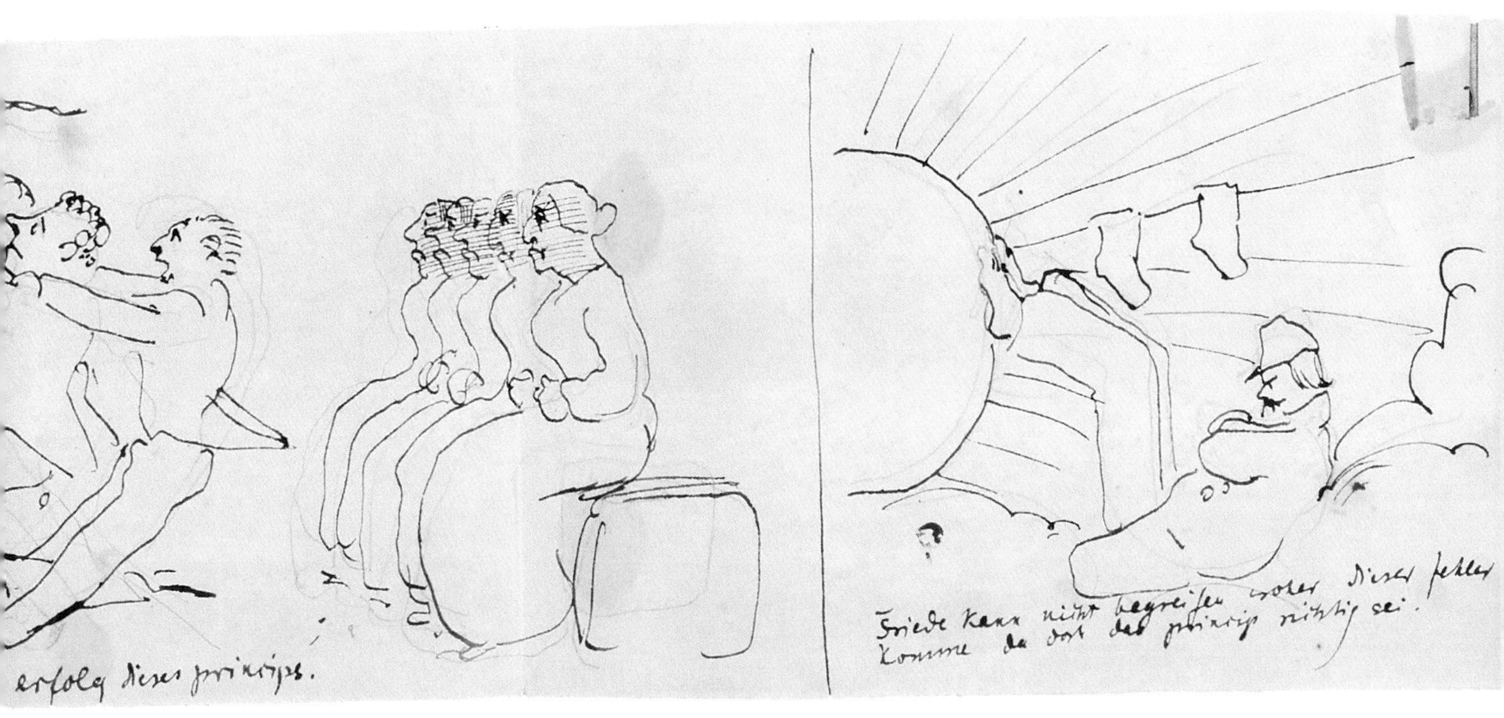

35. erfolg dieses princips.

36. Friede kann nicht begreifen woher dieser fehler komme da doch das princip richtig sei.

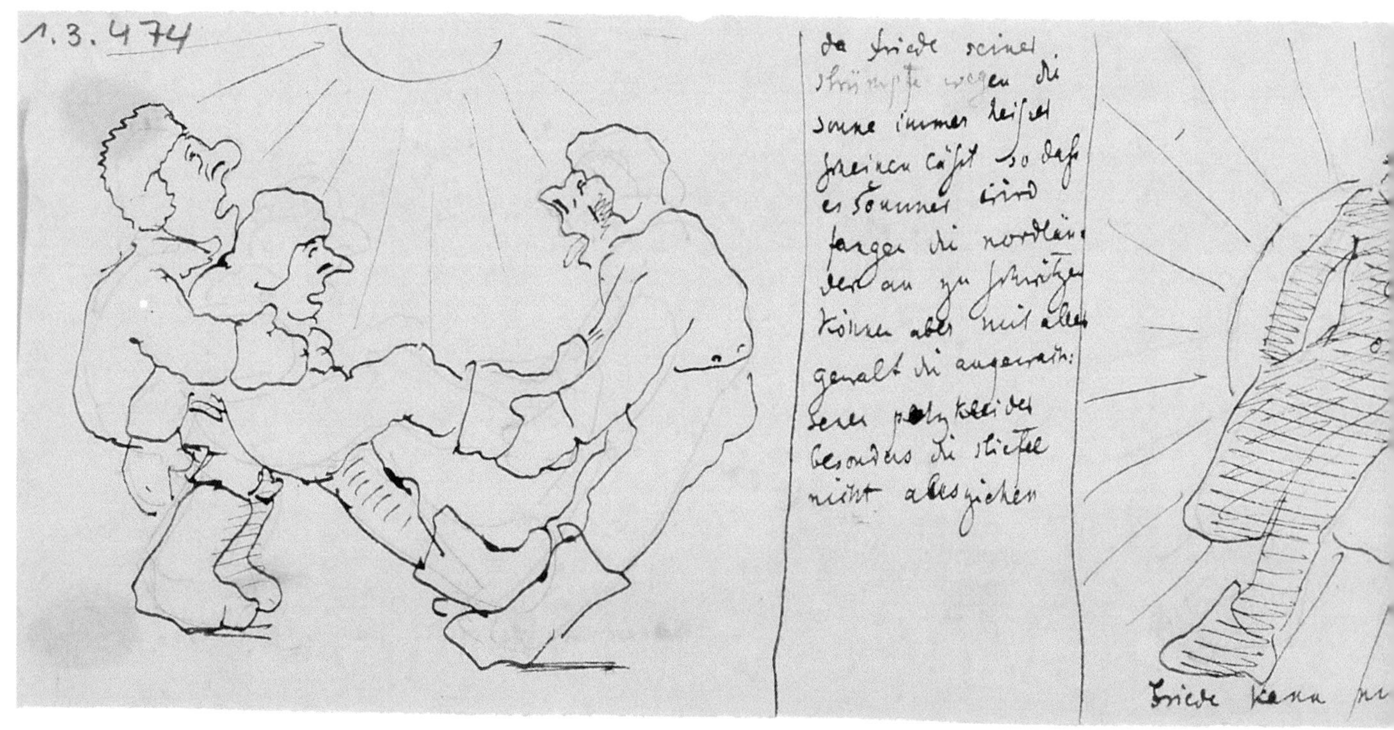

37. da Friede seiner strümpfe wegen die sonne immer heißer scheinen läßt so daß es sommer wird fangen die nordländer an zu schwitzen können aber mit aller gewalt die angewachsenen pelzkleider besonders die stiefel nicht ausziehen

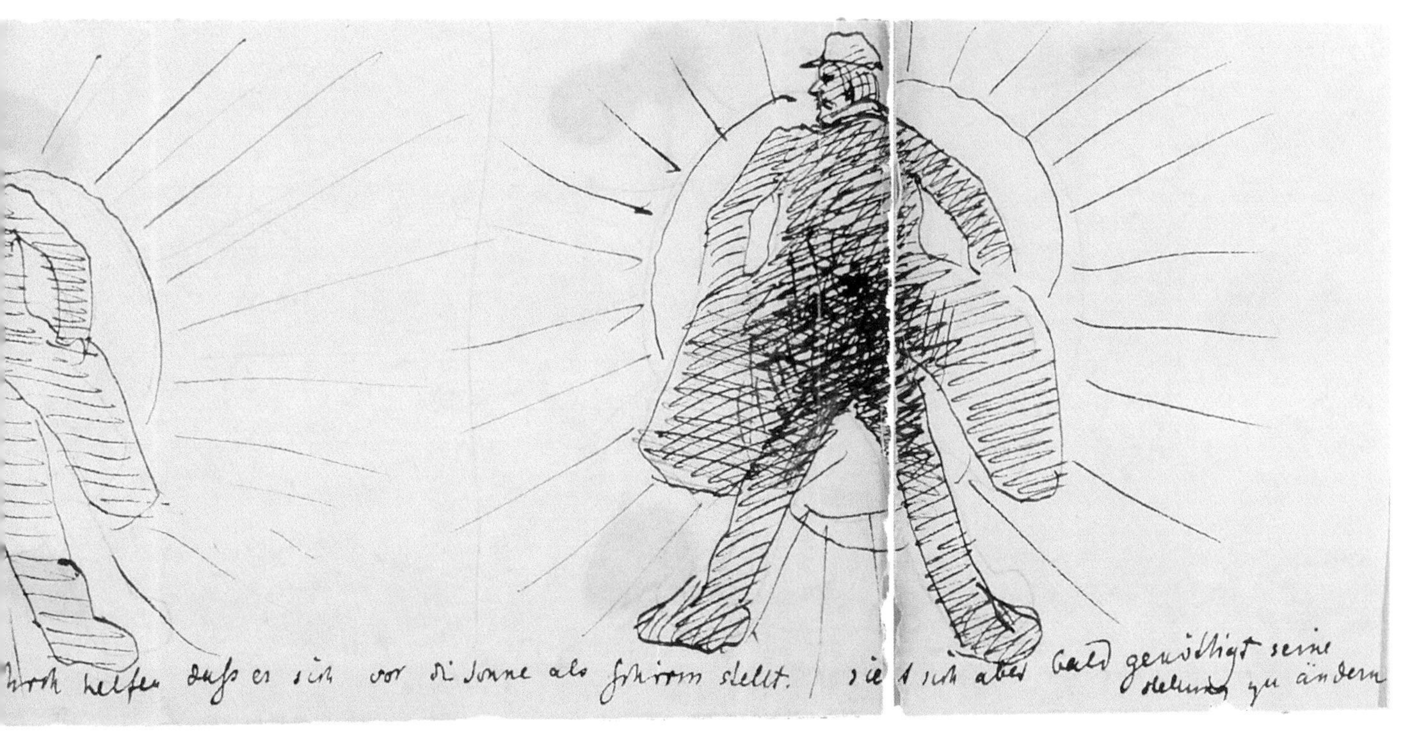

38. Friede kann nur dadurch helfen daß er sich vor die sonne als schirm stellt. sie[h]t sich aber bald genöthigt seine stellung zu ändern

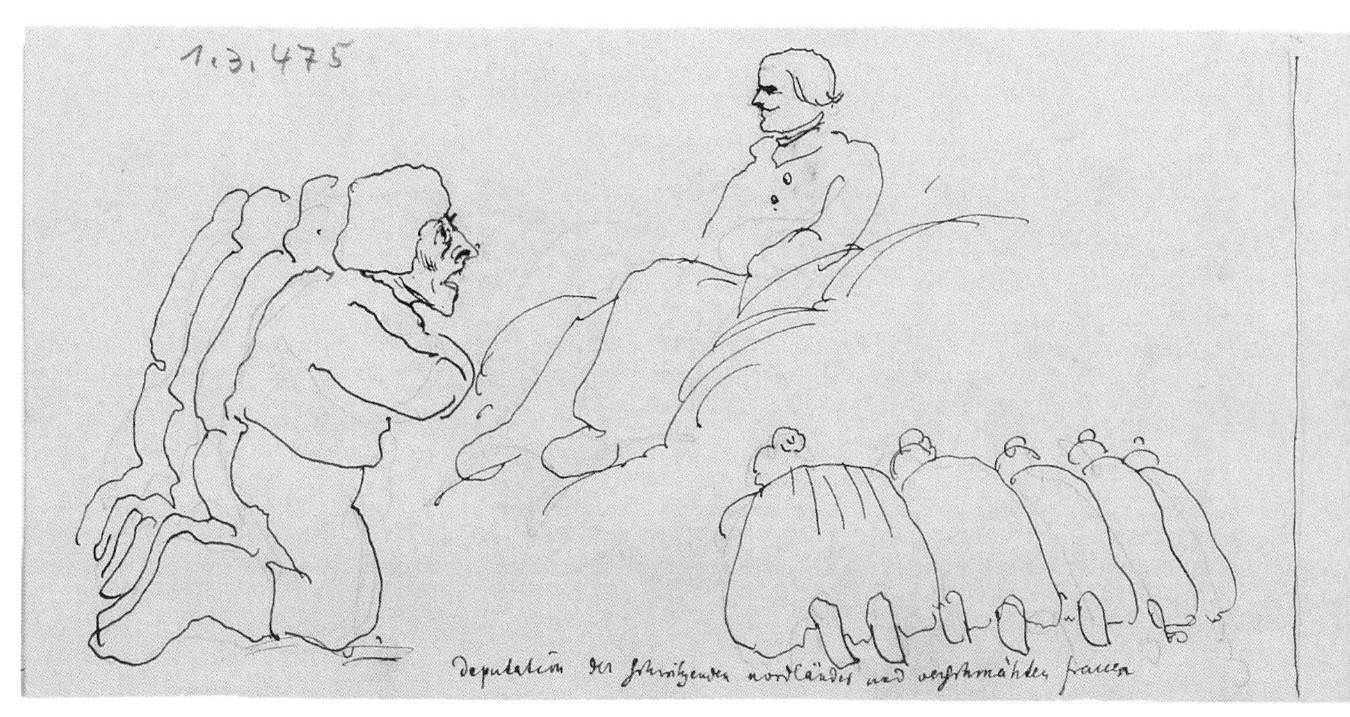

39. deputation der schwitzenden nordländer und verschmähten frauen

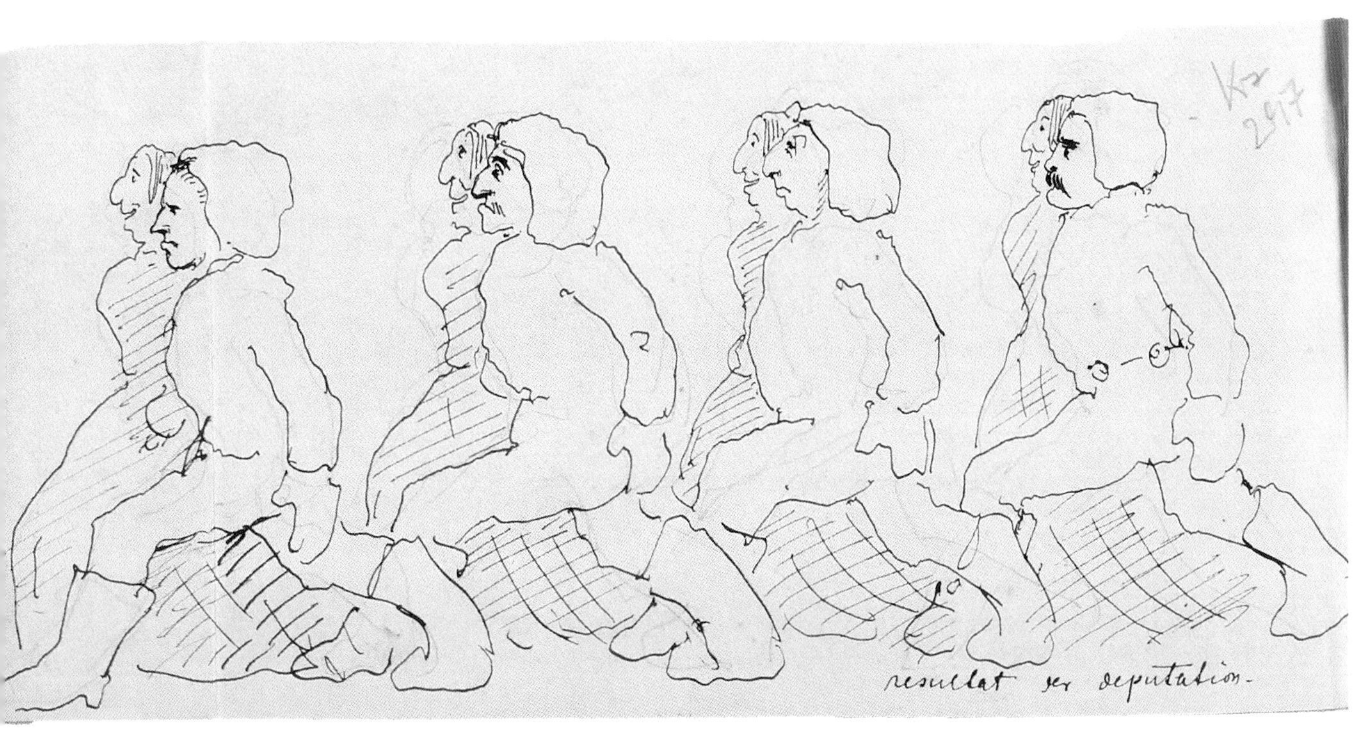

40. resultat der deputation.

Herman Grimm, Friedmund von Arnim und die Weltverbesserung im Comicstrip

Man kennt Herman Grimm (1828–1901), den ältesten Sohn Wilhelm Grimms, heute am ehesten als Essayisten und Verfasser vielgelesener Biographien (Michelangelo, 1860–1863; Goethe, 1876).[1] Dass er vor seiner Ernennung zum ersten Berliner Ordinarius für Kunstgeschichte (1873) ernsthaft an einer dichterischen Karriere zimmerte und sich in seinen jungen Jahren primär zeichnerisch betätigte, geriet umso leichter in Vergessenheit, als seine Dramen kaum aufgeführt wurden und seine Zeichnungen den erweiterten familiären Rahmen selten verließen. Sie waren Teil der Berliner Salonkultur um 1850, ebenso wie das beträchtliche zeichnerische Œuvre Gisela von Arnims,[2] mit der Grimm früh befreundet war und die er 1859 heiratete, oder dasjenige ihrer älteren Schwestern. Einer Salonkultur übrigens, die sich jedenfalls punktuell mit der höfischen Sphäre berührte: Maximiliane und Armgart von Arnim überreichten Friedrich Wilhelm IV. und seiner Gemahlin 1843 in Sanssouci eine hochartifizielle selbstgefertigte Huldigungsarabeske[3] und erneuerten ihre künstlerische Verbeugung anlässlich der Silberhochzeit des Königspaars im November 1848 – ungefähr zeitgleich mit der Niederschlagung der Märzrevolution in Berlin. Auch Herman Grimm soll sich an dieser Gemeinschaftsarbeit beteiligt haben.[4]

Von einer ganz anderen Seite lernen wir den Zeichner (und Autor) Grimm auf einem Bildstreifen kennen, der sich bis heute völlig unbeachtet im Grimm-Teilnachlass der Verwaltung der

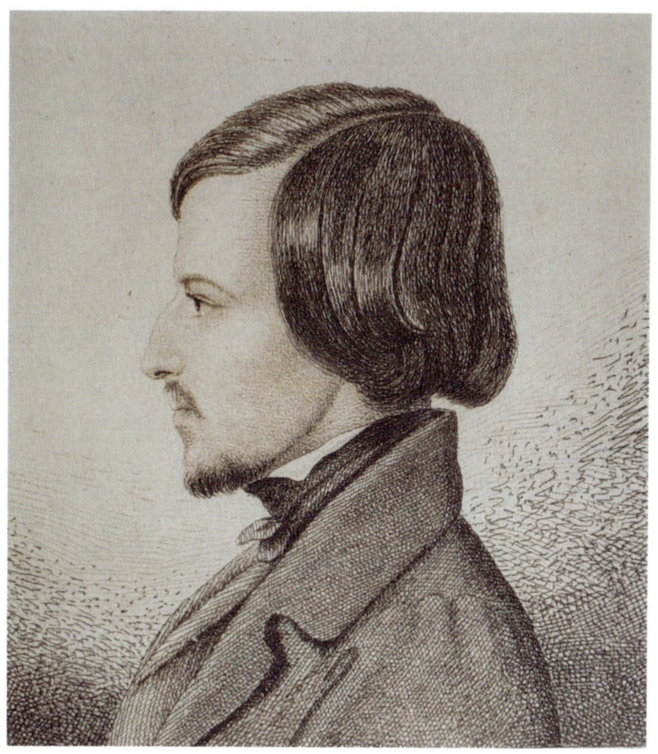

Abb. 1. Ludwig Emil Grimm: Herman Grimm als Student, 1848.

Hessischen Schlösser und Gärten in Bad Homburg befindet. Er umfasst 40 Federzeichnungen (jeweils 9 cm hoch) unter dem Titel *Die neue Religion* und ist datiert auf den Dezember 1848.[5] Dabei lassen sich zwei Handlungsteile unterscheiden: Der erste zeigt verschiedene Stufen der Einführung einer neuen Religion bis zur Neuorganisation des christlichen und astronomischen Himmels – mit dem überraschenden Effekt eines Weltuntergangs. Der zweite Teil erzählt vom Versuch einer Neuschöpfung: Der neue Gott will bestimmte Fehler der früheren Schöpfung vermeiden und verstrickt sich dabei in unlösbare Schwierigkeiten, die allerdings leichter Hand in ein – ebenso überraschendes – Happy End überführt werden. Beide Teile verknüpfen den weltumfassenden Anspruch des Themas mit den persönlichen Eigenheiten einer männlichen Hauptfigur namens „Friede“, die in ihren typischen Gesten und Haltungen karikierend erfasst ist: Man erkennt jedenfalls die Vorliebe eines alternativen Gutsbesitzers für seine wasserdichten Stiefel, die dicken Socken und den wetterfesten Schlafrock – dazu gleich Näheres.

Der erste Teil beginnt mit einem Luftsprung „Friedes“, der an die Elevatio denken lässt, mit der die kirchliche Ikonographie die visionäre Inspiration christlicher Heiliger andeutet. Komplementär zeigt Bild 2 eine Phase der Besinnung vor den Bäumen des (Berliner) Tiergartens, in dem übrigens auch die Brüder Grimm – noch Günter Grass hat daraus erzählerisches Kapital geschlagen[6] – regelmäßig auf Ideenfang ausgegangen sind. In der Anfangsphase der Märzrevolution hat derselbe Park zusätzliche Bedeutung erlangt als Treffpunkt der politischen Opposition und Schauplatz spontaner Versammlungen. Daran mussten die Zeitgenossen denken, wenn in Bild 3 dem Protagonisten die Einladung „in eine versammlung gleichgesinnter“ überbracht wird – von einer un- oder unterbürgerlich gekleideten Person, die sich auf einen Äskulapstab stützt und an der Mütze kleine Flügel trägt, also zweifelsfrei als der antike Götterbote Hermes/Merkur zu erkennen ist.

Damit beginnt eine bis Bild 19 reichende relativ geschlossene Episode, die als Gegenstück zu ähnlichen Phantasien Heines eine eigene Interpretation verdiente:[7] Die antiken Götter bieten sich als Arbeitskräfte für die Umsetzung von Friedes Religionsstiftung an, die durch die Annahme dieses Angebots streckenweise den Charakter einer kaufmännischen Unternehmung oder Firmengründung („Friede u. Comp.“) erhält. Es kommt zu einem Casting, bei dem sich zunächst weibliche Gottheiten präsentieren und das durch die Beteiligung von Juno, Minerva und Venus stark an die Sage vom Paris-Urteil erinnert. Friede aber, der sich bei Junos Anblick verkrampft und von dem auf dem nächsten Bild nur noch die Vorderkante des Profils zu sehen ist, fragt nicht nach Schönheit oder erotischen Avancen (Venus’ Kleiderlüpfen, Amphitrites Dienstmädchenknicks), sondern entscheidet sich für den Inbegriff der Klugheit: für Minerva nämlich, die in ausgesprochen zickiger Haltung über ihre Konkurrentinnen triumphiert (Bild 9) und schließlich Besucher empfängt (in einem stattlichen Kontor mit diversen Götterporträts an der Wand: Bild 17) oder Bettler – wie ihren früheren Götter-Kollegen Neptun – abfertigt (Bild 19). Sie erscheint zunehmend in der Rolle einer Ehefrau, der Friede fragwürdige Geschenke macht (klobige Stiefel: Bild 13) oder ein sozialistisches Heldengedicht diktiert (Bild 15). Da zu einem typischen Heldengedicht Götter (oder Göttinnen) gehören, handelt es sich bei diesem Einfall um ein kleines Mise en abyme.

Mit Bild 18 rückt wieder die ursprüngliche religiöse Mission in den Vordergrund. Wir sehen Friede als temperamentvollen Dozenten mit ausgestrecktem Arm gestikulieren, halb knieend auf einem Stuhl in Kippstellung, vor einer Handvoll ungerührt verharrender philiströser Jammergestalten. Diese didaktische „Unterweisung in der neuen Religion“ scheint nicht zu funktionieren, und vielleicht ist es als Konsequenz daraus zu verstehen, dass Friede sich in Bild 20 selber als „höchster Gott“ inszeniert. Jetzt gelingt offenbar auch der Kontakt zum Publikum: Hingerissen betet ihn das Volk an (Bild 21).

In den verbleibenden Panels des ersten Handlungsteils erleben wir Friede als Gott im Himmel. Die Komik resultiert im Wesentlichen daraus, dass sich der Protagonist auch in dieser höchsten aller denkbaren Positionen wie ein reformwütiger Gutsbesitzer benimmt, der alles besser weiß und besser machen will. In Bild 22/23 straft er wie ein alttestamentlicher Gott aus den Wolken, doch wird der in flagranti ertappte Dieb nicht vom Blitz getroffen, sondern von einem – Stiefel. Der Rest des ersten Teils spielt ganz im Himmel. Der neue Gott erteilt den Engeln Unterricht im Posaunenblasen und Regenmachen und gibt den aus der Ursula-Legende bekannten elftausend himmlischen Jungfrauen Ratschläge zur Gesundheitsvorsorge (die damals modischen Kälte- und Wasserkuren: Bild 27). Die Jungfrauen stehen dabei in Reih und Glied wie eine Engelsarmee. Zeichnerisch besonders witzig ist auch die Belehrung des Mondes ausgefallen, der künftig eine Stunde früher aufstehen bzw. aufgehen soll. Das langgestreckte Mondgesicht charakterisiert seinen Träger als Himmelskörper und drückt zugleich in unübertrefflicher Weise befremdetes Erstaunen aus.

Unmittelbar vor Schluss des ersten Handlungsteils bringt Grimm sich selbst ins Spiel. Denn „Laban“ ist das Pseudonym, dessen er sich in den 1840er Jahren vorzugsweise bediente. Entsprechend schlaksig ist die Gestalt des neuen „ober engels“ und „Posaunenmeisters“ gezeichnet, den Friede jedoch wegen mangelnder „Methode“ umgehend entlässt – mit katastrophalen Folgen. Denn indem der neue Gott daraufhin selbst zur Posaune greift, bringen die von ihm hervorgebrachten „furchtbar[en]“ Töne Himmel und Erde zum Einsturz: „Alles ist aus“ (Bild 30). Auch der Comicstrip?

Wenn hier ein Ende geplant war, hat Grimm es sich später anders überlegt. Er fügt einen zweiten Teil an, der allerdings, wie schon angedeutet, eine leicht verschobene Thematik hat. Es geht nicht mehr um die Stiftung einer neuen Religion (mit der Konsequenz der Selbstvergottung), sondern um Neuschöpfung als Korrektur der bestehenden Schöpfung. Friede, der dank seiner wetterfesten Kleidung den selbstverschuldeten Weltuntergang überlebt hat, wird hier mehrfach beim Nachdenken gezeigt (während seine dicken Socken auf den Sonnenstrahlen trocknen). Dabei nähert er sich offenbar einem Grundgedanken aus Leibniz’ Philosophie: der

Theodizee oder der Voraussetzung, dass die vorhandene Schöpfung die beste aller möglichen ist oder sein sollte. Hier glaubt nämlich der neue Gott etwas nachjustieren zu können: die „Nordländer" sollten gleich mit einem dicken Fell und Pelzstiefeln zur Welt kommen, um ihren Lebensbedingungen besser angepasst zu sein (Bild 33). Damit wird fast so etwas wie ein Sprung von Leibniz zu Darwin vollzogen, dessen grundlegendes Werk zur Artenentwicklung allerdings erst ein Jahrzehnt später erscheint.[8]

Das Prinzip der Konkurrenz, das von Darwin aus dem Wirtschaftsleben des 19. Jahrhunderts auf die Biologie übertragen wurde, erstreckt sich übrigens auch auf Partnerwahl und Fortpflanzung – man sprach seinerzeit von der „geschlechtlichen Zuchtwahl".[9] Und auch diese Thematik klingt im zweiten Teil unseres Comicstrips an, denn die sechs Nordländer und sechs Nordländerinnen, mit deren Schöpfung Friede seine neue Welt beginnt, sitzen sich zunächst scheinbar desinteressiert gegenüber. Erst als Friede den „Geist der freien association" über sie ausschüttet (was hier offenbar im Sinne von liberaler Konkurrenz gemeint ist), stürzen sich die Nordlandmännchen leidenschaftlich auf – ein und dasselbe Weibchen (Bild 35). Friedes neugeschaffene ‚bessere' Welt hat also gleich zwei Probleme: die Nordländer schwitzen, weil sie sich ihrer Pelzmontur bei längerem Sonnenschein nicht entledigen können, und fünf von sechs Frauen bekommen keinen Mann. Wie schon in manchen theologischen Systemen vorausgesetzt, kann der Schöpfergott in die einmal fertiggestellte Schöpfung aber nicht mehr eingreifen: Im vorletzten Bild sitzt Friede, vor dem sich gleich zwei Delegationen verbeugen, rat- und tatenlos auf den Wolken. Das Happy End ergibt sich eher durch Zufall: Die Nordlandmänner begegnen vor dem Gottesthron den verschmähten Nordlandfrauen wieder und werden sich mit ihnen schnell erotisch einig: Das letzte Bild zeigt fünf Paare in fröhlichem Abmarsch, offenbar fest entschlossen, neue Nordländer zu zeugen, auch wenn es diesen bisweilen in der Sonne zu heiß sein sollte.

Der Comicstrip ohne Sprechblasen, aber mit klar zugeordnetem (meist unter dem Bild stehendem) Begleittext kam damals gerade in Blüte. Das wirkungsmächtigste Vorbild lieferte der auch von Goethe geschätzte Schweizer Rodolphe Töpffer (1799–1846).[10] Seine oft ins Phantastische ausgreifenden satirischen Bildgeschichten nutzen das in unterschiedliche Rechtecke aufgeteilte „multicadre" mit abgesonderten Feldern für den Erzähltext unter den Bildern. Im Zuge der Politisierung der deutschen Öffentlichkeit seit 1847 und der Aufhebung der Zensur infolge der Märzrevolution diente Töpffers Erfolgsrezept insbesondere der Abrechnung mit den Missständen des Spätabsolutismus, aber auch mit den Fehlentwicklungen der demokratischen Bewegung: In Theodor Hosemanns durch den Preußischen Landtag angeregter Bildergeschichte *Herr Fischer auf dem vereinigten Landtage* (1847) werden die Abenteuer eines dümmlich-verlogenen Provinzlers humoristisch ausgestaltet; Johann Hermann Detmold (Text) und Adolph Schroedter (Bild) greifen wesentlich energischer zu, wenn sie nach den enttäuschenden Erfahrungen mit dem Frankfurter Parlament den Nationalversammlungs-Abgeordneten Piepmeyer als Charakterbild eines hemmungslo-

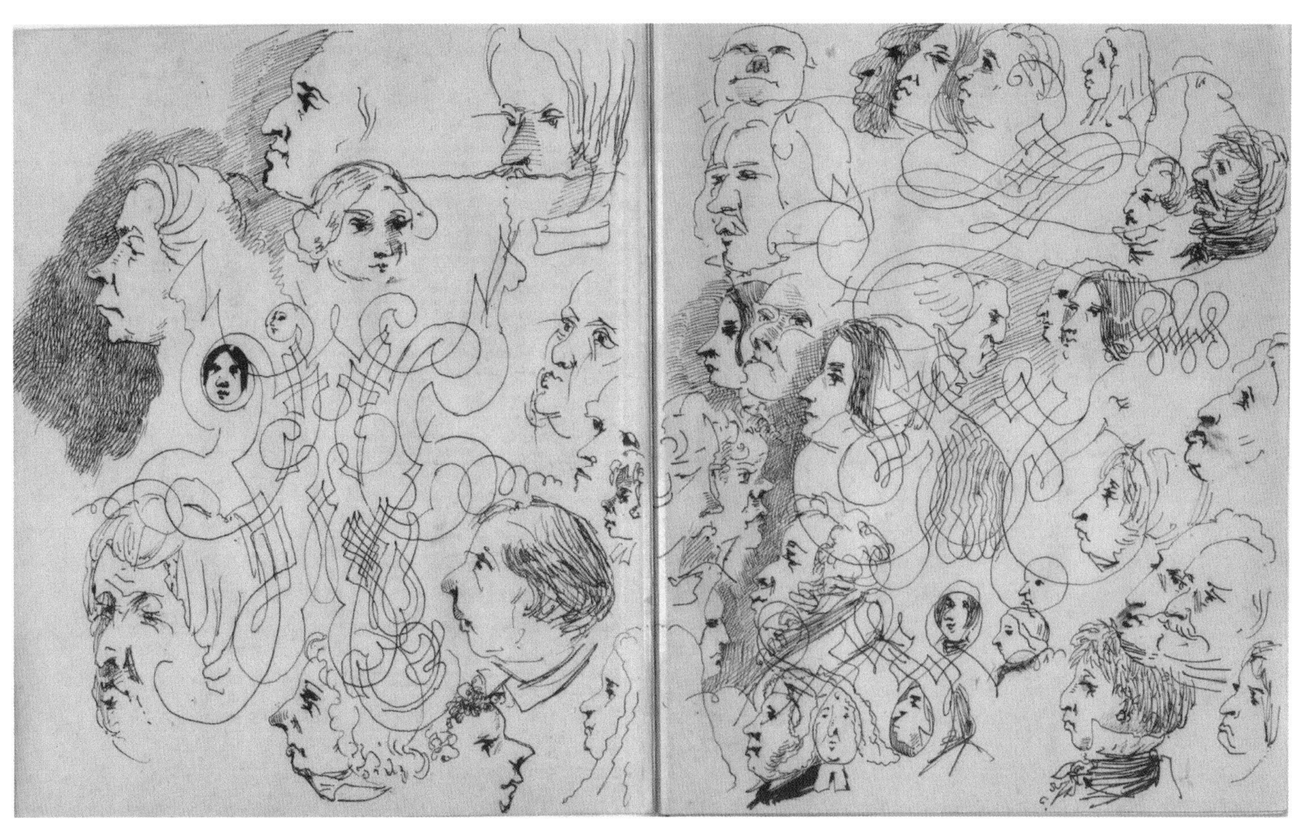

Abb. 2. Herman Grimm: Notizbuch 1847.

sen Opportunisten und Karrieristen präsentieren oder besser analysieren.[11] Die *Thaten und Meinungen des Abgeordneten Piepmeyer* erschienen 1848/49 in mehreren Lieferungen; die erste(n) davon dürfte Grimm schon gekannt haben, als er die Feder zu seiner Karikaturfolge ansetzte.

Grimms Cartoon-Held Friede freilich ist von einem ganz anderen Schlag. Er wirft sich nicht aus Ehrgeiz oder Machthunger zum Gott auf, sondern als Opfer seiner eigenen Naivität – im Zuge eines grüblerischen Weltverbesserungsbemühens, das immer erst nachträglich aus den eigenen Fehlern lernt. Insofern steht er eher dem naiven Baron Beisele nahe, der zusammen mit seinem intellektuellen Hofmeister Dr. Eisele durch eine erfolgreiche Karikaturenserie der *Fliegenden Blätter* populär wurde. Da die beiden Figuren meist als Reisende auf „Kreuz- und Querzügen" durch Deutschland gezeigt wurden,[12] erscheint es nur konsequent, wenn Grimm während seines ersten Besuchs auf dem Besitz der Familie von Arnim im märkischen Wiepersdorf 1847 auf die Idee kam, „Eisele u. Beisele in Wiepersdorf" zu zeichnen.[13] Das Motiv beschäftigte ihn mehrfach während seines dortigen Ferienaufenthalts,[14] und vielleicht sind Spuren davon auch in einer Doppelseite seines damaligen Notizbuchs (Abb. 2) wiederzufinden, die ein ganzes Meer verzerrter Gesichter und obendrein eine arabeske Lineatur enthält, wie sie uns auch am Ende des Begleittextes zu Bild 19 der *Neuen Religion* begegnet. Kritzeln, die Erzeugung freischwebender Linien und Karikaturen und ‚regelrechtes' Objekt-Zeichnen gehen bei Grimm ersichtlich ineinander über.[15] Erste Bravourstücke dieser eher unpolitischen, quasi zweckfreien Karikatur lieferte er mit seinen Illustrationen zur Erstausgabe von Armgart von Arnims *Heimelchen*-Märchen (1848).[16]

Wegen seiner Begabung für freischwingende Linien wurde Grimm von den Töchtern Bettine und Achim von Arnims gern in Anspruch genommen. Das Tagebuch vom Sommer 1847 erwähnt sein „Aufschnörkeln" eines Albumblatts und die Anfertigung von „Goldschnörkeln" und Buchstaben-Arabesken für Armgardt.[17] Im Falle von Giselas unlängst veröffentlichter Bildergeschichte *Von der armen kleinen Cousine* wird Hermans Anteil vom Herausgeber primär in den Zierleisten vermutet.[18] Das scheint insofern einleuchtend, als der biedermeierliche Stil und die sentimentale Botschaft dieses Weihnachtsmärchens im Übrigen fernab vom abstrahierenden Duktus der *Neuen Religion* liegen. Eine Parallele besteht allerdings im Revolutionsbezug: ist dieser bei der *Neuen Religion* entstehungsgeschichtlich gegeben und indirekt als Deutungshorizont präsent, so wird in Giselas Bildergeschichte eine private „Revolution" herbeigeredet und durch einen lebensgefährlichen Kissenwurf unterdrückt. Auch in technischer Hinsicht verdient die *Arme kleine Cousine* unser Interesse: Ihre 24 Zeichnungen sind sämtlich auf einem durchgehenden Kartonstreifen von über 6 Meter Länge montiert,[19] eingeleitet von einem direkt auf den Karton aufgetragenen Eingangsbild (Abb. 3) – der Begriff „Comic*strip*" erfüllt sich hier noch wörtlicher als bei der Friede-Geschichte, deren Bildträger in kürzere Streifen gestückelt sind.

Die Ähnlichkeit der Technik legt in Verbindung mit den inhaltlichen Berührungspunkten die Frage nach der Chronologie

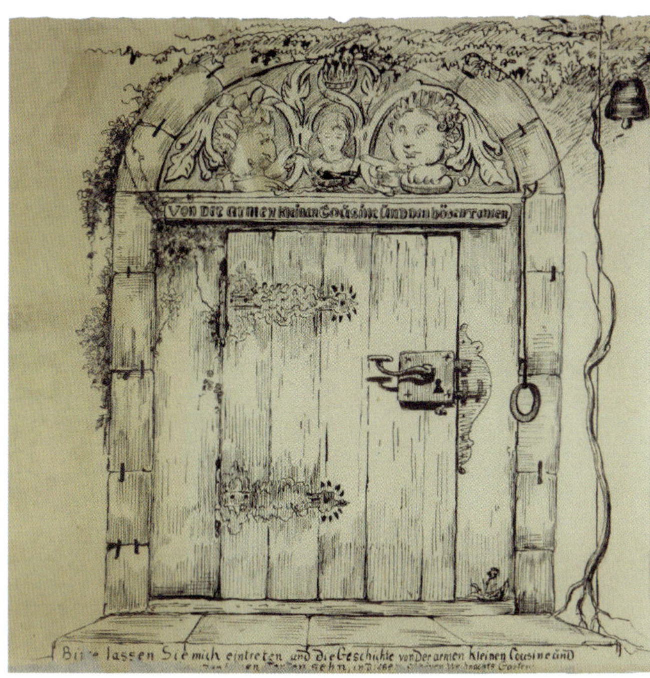

Abb. 3. Eingangsbild zu Gisela von Arnims Bildergeschichte *Von der armen kleinen Cousine.*

nahe. Denn die bisherige Datierung der *Cousine*-Geschichte auf „um 1845“,[20] möglicherweise am Alter der dargestellten Personen oder an der eigenwilligen (schülerhaft wirkenden) Orthographie orientiert, scheint durchaus nicht zwingend. Giselas Orthographie bleibt deviant, und eine Weihnachts-Bildergeschichte in aquarellierten Bleistiftzeichnungen verfasst sie auch 1851. In der überbordenden Schilderung, die Grimm damals von der Weihnachtsbescherung bei Arnims liefert, heißt es abschließend: „darauf zeigte die Giesel ihr werk bestehend in einem folio bilderbuche mit reizenden bildern darstellend, die schicksale des dürren herrmännchen, dicken gustelchen und puckligen hänschen welche auf dem weihnachtsmark[t] ihre waaren feil bieten.“[21] Die Bildergeschichte mit von Herman (auf darunter eingeklebten Zetteln) geschriebenen Begleittexten hat sich im Freien Deutschen Hochstift Frankfurt am Main erhalten und ist online einsehbar.[22] Ihre Hauptfiguren sind tatsächlich Grimm und seine damals gleichfalls längst erwachsene Schwester Auguste, dargestellt als Kinder. Ähnlich retrospektiv scheint Gisela in der *Cousine*-Geschichte vorzugehen, wenn sie dem dürren Knaben „Lernewurm“ eine Begeisterung für Tacitus zuschreibt,[23] die bei Grimm erst während der Arbeit an seinem Arminius-Drama (*Armin*, 1851) hervortrat. Zieht man daraus (und aus der Anspielung auf die Konterrevolution) die Konsequenz einer Datierung der *Armen kleinen Cousine* auf den Anfang der 1850er Jahre, rückt *Die neue Religion* zeitlich an die erste Stelle: als frühester Comicstrip aus dem Hause Grimm/Arnim und für den Salon Bettine von Arnims.

Dass *Die neue Religion* für einen solchen halbprivaten Rahmen geschrieben ist, ergibt sich schon aus der Wahl des Protagonisten. Denn Name, Aussehen und Eigenschaften ihres Helden verweisen direkt auf Grimms künftigen Schwager Friedmund (in der Familie „Friede" genannt), den drittältesten und der Mutter wohl am nächsten stehenden Sohn Bettines.[24] Friedmund von Arnim (1815–1883) aber war keine öffentliche Person; er lebte in bewusstem Konsum- und Komfortverzicht als Gutsherr auf Blankensee und verblüffte seine aristokratische Verwandtschaft durch die Radikalität, mit der er seine lebensreformerischen Ideen in die Tat umsetzte. So schockierte er seine Schwestern, die gerade von einem Hoffest in Boitzenburg kamen, 1847 durch den Verzicht auf Matratze und Bettgestell – die „Marotte […] nicht mehr zu Bett zu gehen sondern auf der Erde zu liegen auf der er nichts als einen blauen Kittel ausbreitet. Eine Hutschachtel ist das Kopfkissen."[25]

Trotzdem oder auch aus Neugier nimmt Grimm damals eine Einladung Friedmunds an, die er später jedoch absagen muss.[26] Er mokiert sich in den Folgejahren noch manches Mal über das missionarische Bewusstsein von Giselas Bruder; dabei ist aber immer eine grundsätzliche Sympathie erkennbar, wie in einem Brief vom Januar 1852: „Friede ist der verträglichste mensch auf Gottes erdboden aber er lässt eine gelegenheit gute lehren zu geben sehr ungern ungenutzt vorübergehn und fällt da leicht in's extreme. es ist mir rein unmöglich irgend jemand etwas übel zu nehmen (oft zu meinem eignen nachtheil) und ihm gar verzeihe ich alles, wenn das der rechte ausdruck ist, er bleibt immer die noble seele die er war."[27]

Friedmund war maßgeblich daran beteiligt – und Grimm hat das dem um 13 Jahre Älteren nie vergessen –, dass Herman im Sommer 1843 den Großteil seines Heringsdorf-Urlaubs statt bei der ungeliebten Gastmutter zusammen mit Arnims verbringen durfte.[28] Damals war Friedmund gerade mit dem Abschluss seiner zweiten gesellschaftstheoretischen Schrift beschäftigt, den er „im Juli am Ostseestrand 1843" datierte.[29] „Was ist Eigenthum?", fragt schon ihr Titel und verspricht „das einzige Mittel, die jetzigen Staatsgewalten vor den unsinnig communistischen Ideen zu retten". Tatsächlich führt die Ablehnung des bürgerlichen Eigentumsbegriffs bei Arnim zu einer absurd-romantischen Erneuerung feudalistischer Vorstellungen. Nicht umsonst warnt der Staatsrechtler und Märzrevolutionär Heinrich Bernhard Oppenheim Bettine von Arnim vor Friedmunds „communistische[m] Royalismus": „Er kann nicht darüber hinaus, er muß sich irgend einen wunderthätigen König denken, der Alles, selbst alles Eigenthum, in einer Hand zusammenfaßt, u. die große Heerde trefflich weidet."[30]

Da Bettine selbst eine schwärmerische Beziehung zum preußischen König unterhielt,[31] war es gar nicht so abwegig, wenn Friedmunds Artikel im Revolutionsjahr 1848 gelegentlich seiner Mutter zugeschrieben wurden. Sobald sie sich dagegen wehrte, reagierte er leicht pikiert.[32] Freilich unterscheidet sich seine Rezeption des frühsozialistischen Gedankenguts vom praktischen Sinn Bettines durch einen eigenartigen Zug ins Spirituelle oder Religiöse. *Die gute Sache der Seele* lautete der Haupttitel seiner ersten Broschüre (1843).[33] Noch im Revolutionsjahr schrieb Arnim ein umfangreiches politisches Werk, dessen erster Teil *Revolutions-Ge-*

danken und dessen zweiter Teil *Vernunft-Religion und Vernunft- oder Hülfsstaat* überschrieben war. Einigermaßen paradox ist ihm ein Anhang des Titels *Eine Glaubens-Religion* beigegeben:

> Wer die Vernunftreligion nicht versteht, der überspringt sie; er hat nichts verloren. Für den, der sie haßt, aus gutem Grunde, möchte ich eine Glaubensreligion vorschlagen. Sollte sich nämlich die Schwäche zeigen, daß viele Menschen sich nur von einem besondern höheren Gegenstand als Gott gedacht, beherrschen können: so würde man, die Begriffe unseres Wesens als Objekte genommen denn was anderes haben wir nicht, einen oder mehrere Götter zu der uns klareren Entwicklung darstellen können. [...] Oder man stelle alle guten und edlen Gefühle, und alle bösen in Gottheiten dar, so hilft es vielleicht mehr den Menschen ein ihrer würdiges Streben zu verleihen, als der bloße, neblige, vollständig bestreitbare Begriff von Gott, der in seiner Vollkommenheit auch das Verkehrte nöthig hat.[34]

Grimm, der den Inhalt des Anfang 1849 gedruckten Buchs sicher vor seiner Auslieferung kannte, hakt hier mit seiner Satire ein. Neben der Vermessenheit einer neuen Religionsgründung reizen ihn offenbar die paradoxe Verbindung zwischen Vernunft und Religion sowie die Selbstgewissheit mancher naturphilosophischen Aussage. So ist z. B. das Motiv der benachteiligten Nordländer höchstwahrscheinlich durch einen klimatheoretischen Exkurs der *Vernunft-Religion* ausgelöst, der die Verschiedenheit der „Menschenarten" aus den Unterschieden der „Schwungkraft" und Vegetation herleitet:

> Die Süd- und Nordpolbewohner, Samojeden und Lappländer können nicht sehr groß werden, wegen des Mangels an Schwungkraft; ihre Lebenskraft wird zu sehr durch die Schwerkraft unterdrückt,

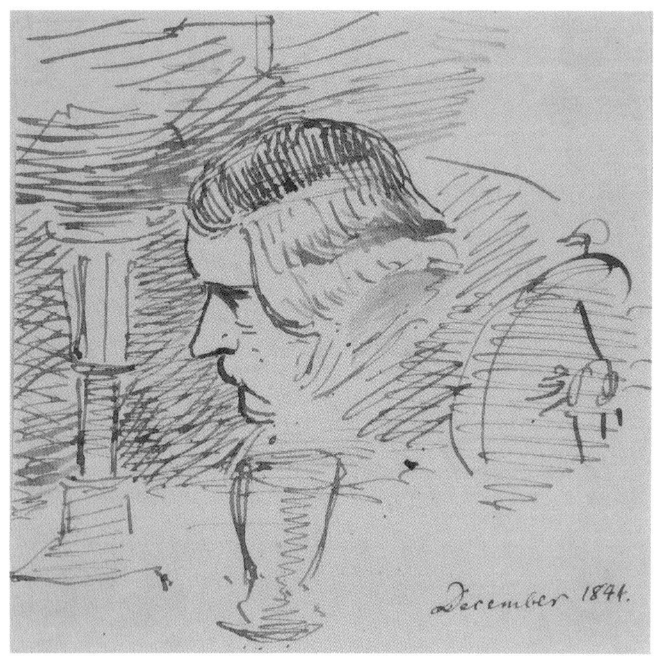

Abb. 4. Herman Grimm: Friedmund mit Leselampe (1844).

ebenso die der Pflanzen und Thiere, die auch wenig nur durch die Schwungkraft unterstützt werden, wo sie doch als Nahrung das Meiste zur Lebenskraft beitragen. Erst mit der Region des Holzwuchses und der Pflanzenkörper, die uns die Nahrung geben, wird unsere Lebenskraft zu einem gleichmäßig wachsenden Widerstand gekräftigt, wo die Erhaltungskraft der Lebenskeime d.h. der Galvanismus am besten durch die wachsende Lebenskraft überwunden wird, indem der Gleichgewichtskampf der regierenden Elemente die größte Freiheit für die Lebenskraft gestattet.[35]

Eine klare Argumentation sieht anders aus. Es war gerade diese Verwirrung im Denken des schriftstellernden Landwirts, die einerseits Grimms Karikatur herausforderte, andererseits dem Karikierten ein hinreichendes Maß an grundsätzlicher Sympathie sicherte. Man könnte von Humor im Umgang mit einem liebenswürdig-skurrilen Familienmitglied oder älteren Freund sprechen, und mit demselben gemütvollen Tenor beschwört schon ein Brief des siebzehnjährigen Grimm an Gisela Erinnerungen an deren jüngsten Bruder herauf. Grimm klebt in seinen Brief vom Mai 1845 eine vom Dezember 1844 stammende Zeichnung ein, die Friedmund an einem Tisch mit Lampe und Bierglas zeigt (Abb. 4). Direkt daneben schreibt er:

Eben finde ich das Bild. Weißt Du noch den Abend als ich es bei Euch zeichnete? Er [sc. Friedmund] saß bei der Communisten Lampe ohne Glas. Daneben das Bierglas und die vielen Pakete. Bürgerthum. Adel. Aker. Bauern. Armuth. lagen auf dem großen runden Tische. Hernach keilten wir ihn. er war mit einem grauen Mantel zugedeckt, mochte nicht aufstehen und konnte sich nicht wehren. Dabei wäre beinahe sein Communisten Trinkglas zerbrochen worden, was ihn sehr in Wuth setzte. Der gute Friede, mit seinen Rathschlägen, wie er in Häringsdorf 2 Handwerksburschen mit 4 ggl [= guten Groschen] bekehrte, hatten wir einen Spottvers gemacht, und sagten ihn oft, ich weiß ihn nicht mehr.[36]

Den vergessenen Spottvers holt Grimm mit der *Neuen Religion* dreieinhalb Jahre später gleichsam nach. Auch eine Karikatur des vermeintlichen „Communisten" Friedmund hat Grimm schon Jahre vorher hergestellt (Abb. 5). Im Frühling 1844 zeichnete er ihn als diktatorischen Machthaber auf dem Mond, die Hand demonstrativ zur Erdkugel unten links ausgestreckt: „Friedmund zeigt vom Monde aus seinen Communisten die schön elegant und nützlich kurirte Erde. Alpus ist wegen Unglaubens an einem Horn aufgehenkt."[37] An einem Horn des Mondes wohlgemerkt, der hier wie ein Teufelchen mit zwei Hörnern an einem Ende ausgestattet ist. Hinter dem Spitznamen „Alpus" verbirgt sich der gemeinsame Freund Gebhard von Alvensleben: ein Musiker und Begleiter Hermans auf der Heringsdorfreise 1843, der offensichtlich als Stellvertreter des Zeichners fungiert. Denn auch Grimm glaubte nicht an Friedmunds Rezepte zur Weltverbesserung, schon 1843 nicht und schon gar nicht im Dezember 1848.

Übrigens war es nicht das erste Mal, dass eine Karikatur der „neuen Religion" verfertigt wurde. Während der ersten kurzen Zensurfreiheit in Preußen 1842/43 erschien eine Karikatur Julius Böhmers (?), die unter dem Titel *Die neue Religion* links Friedrich Wilhelm IV. als Romantiker auf dem Thron in mittelalterlichem Gewand neben dem von ihm nach Berlin berufenen Philosophen Schelling zeigt (Abb. 6). Dieser trägt eine Schelle um den Hals –

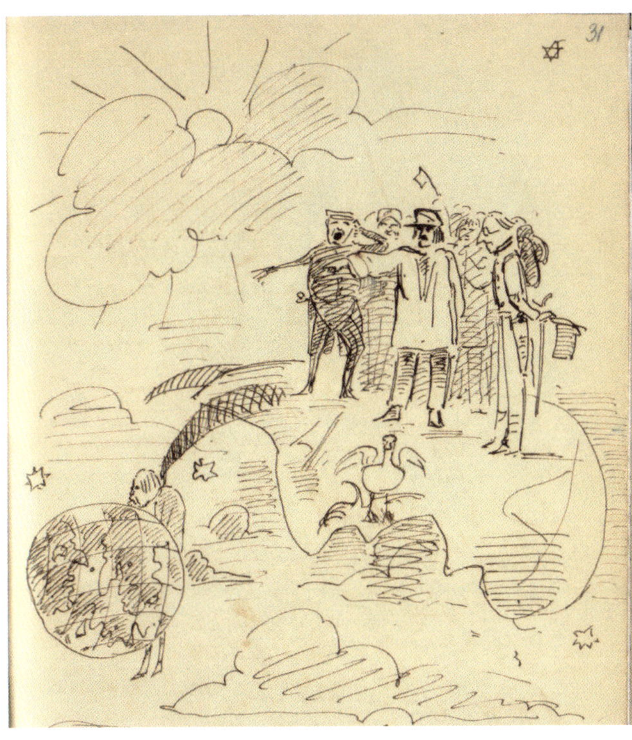

Abb. 5. Herman Grimm: Friedmund von Arnim als Kommunistenführer auf dem Mond (1844).

doch wohl nicht nur seines Namens wegen – und weist zur anderen Seite, wo sich eine Herde von Ochsen in Mönchskutten vor einer rauchenden Opferschale auf den Knien zur Anbetung niedergelassen hat. Dahinter stehen erhöht die Hegelianer, lachen und spenden dem ohnmächtigen Nachfolger ihres Meisters ironischen Beifall: Bruno Bauer als Bauer und David Friedrich Strauß als Strauß, dahinter – von rechts nach links – ein Theologe (Marheineke?), Georg Gabel als Heugabel, August Hahn als Hahn, Heinrich Leo als Löwe und Eduard Gans als Gans mit dem Blitzbündel Jupiters, des über allen thronenden Philosophengotts Hegel.[38]

Zum schärfsten Religionskritiker des ganzen Hegelianer-Lagers entwickelte sich der Bonner Privatdozent Bruno Bauer, bei dem sich Karl Marx, der ihn später aufs Heftigste kritisierte, zeitweilig habilitieren wollte. Der Plan scheiterte schon an der politisch motivierten Entlassung Bauers, der darüber in seiner Schrift *Die gute Sache der Freiheit und meine eigne Angelegenheit* (1842) berichtete. Wie stark sich Friedmund von Arnim gerade auf den als Atheist verrufenen Bibel- und Religionskritiker Bauer bezog, verrät bereits der wörtlich anklingende Titel seiner ersten Broschüre, im vollständigen Wortlaut: *Die gute Sache der Seele, ihre eigenen Angelegenheiten, und die aus dem Menschen und der Vergangenheit entwickelte Geschichtszukunft.* Als „Widmung" ist ihr ein Dialog zwischen „F. v. A." und „B. B." vorangestellt, der angeblich auf einem realen Gespräch beruht und zu den lesenswertesten Texten gehört, die Arnim hinterlassen hat. Er dreht sich um Bauers Leugnung Gottes und der persönlichen Fortdauer, die angeblich den Anlass für seine Broschüre gegeben hat:[39]

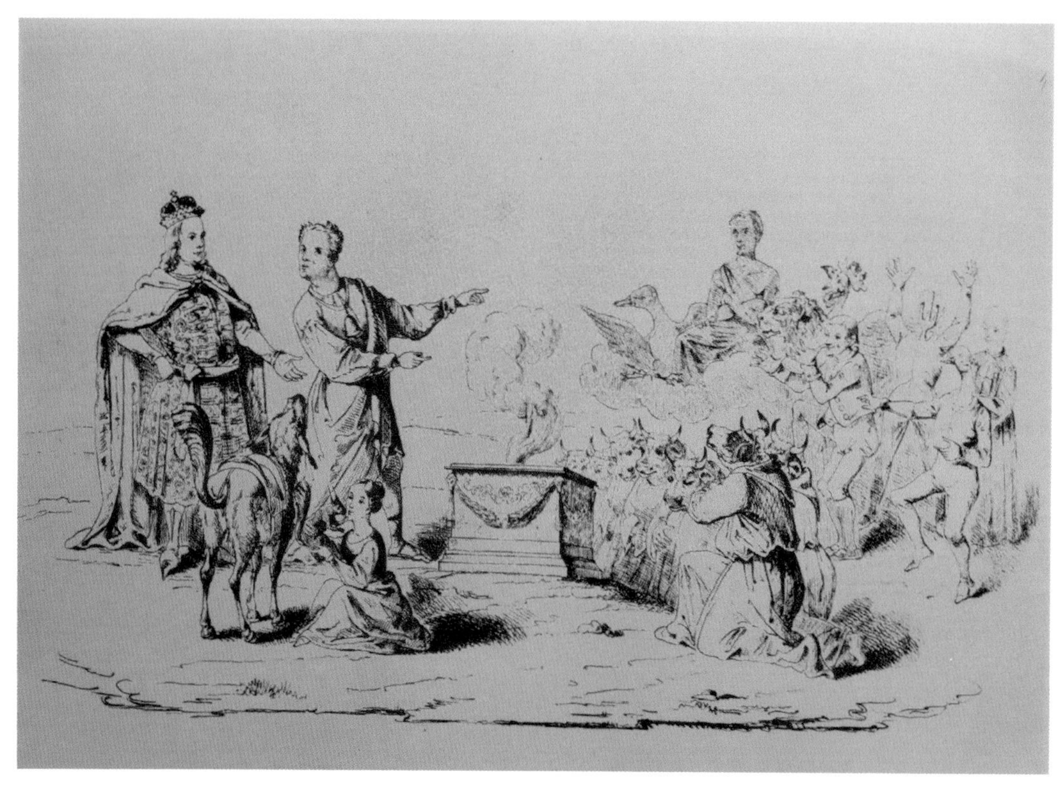

Abb. 6. [Julius Böhmer?]: Die neue Religion. Karikatur um 1842.

[Friedmund von Arnim im Gespräch mit Bruno Bauer 1843]

F. v. A. Ein König müßte eigentlich die gottesleugnerische Religion und den Glauben an die nicht persönliche Fortdauer zu befördern suchen; es würde seinen jetzigen Thron besser stützen, als das Christenthum, weil er um so besser dann ohne Sorge vor der Zukunft seiner Vernunft nachfolgen könnte. Wer würde es ihm dann noch verdenken, daß er für die paar Momente des Hierseins sein größeres Ich, den Ausfluß seiner Macht über Andere zu befördern sucht. Nicht egoistisch zu sein, sagt dann die Vernunft, wäre der größte Unsinn. –

B. B. Damit sagen Sie, craß ausgedrückt: ich sei ein Schuft. – Es ist einmal im Menschen ein Gefühl, welches für schlecht dies erklärt, dem er nicht entgehen kann.

F. v. A. Wozu wär' denn aber dies bischen Gewissen da! das müssen wir so viel als möglich unterdrücken, um während unseres geringen Erdenlebens unseren Vortheil wahrzunehmen und uns Vergnügen zu verschaffen; denn nur ein Gegenstand des Mitleids zu sein, damit sich die Menschheit an uns bessern könne, allein eine Last zu tragen, um die Menschen zur Billigkeit, zum Guten zu reizen, ohne den Gedanken zu haben, daß wir ihr auch eigen bleiben, das wäre unbillig, zu verlangen. –

B. B. Für die Menschheit geht auch Niemand verloren, er findet seinen Trost, für das Ganze zur Besserung beigetragen zu haben.

F. v. A. Eben das glaubt jeder Machthabende, indem er seine Vernunft als das Höchste setzt, und die rohe Gewalt sehr leicht zum Zwang aller übrigen geistigen oder größeren Vernunft, sich nach der seinen zu richten, gebraucht, daß er für die Menschheit, für das Beste sorgt. Er wird also auch für alles Schlechte, was er Etlichen anthut, mit dem Troste sein böses Bewußtsein rechtfertigen, daß er das Gute nach seiner Ansicht hervorgebracht. –

B. B. Nur erst in dem gegenseitigen Gefühl der Menschheit kann man seinen Trost finden, und daß zukünftig gegen die Unbill gewirkt wird; wir leben erst durch die Gegenseitigkeit, z. B. beim Mitleid.

F. v. A. Das Mitleid, welches ich mit meiner Noth erregt habe, kann wohl, als vertheilt auf viele Menschen, wenn es nicht in jedem Einzelnen meinen Leiden gleich kömmt, bei dem, was ich gelitten habe, niemals in Betracht kommen. Auch für eine zukünftige Menschheit, für spätere, die ich noch gar nicht kenne, für die ich also auch keine Neigung haben kann, gesorgt zu haben, kann mich nicht glücklich machen. Und wäre die Menschheit, mir so gut, wie ich jetzt jedem andern Lebenden, nicht zunächst die Abhülfe meiner Qualen schuldig? Nur für die Menschheit Jemandes Leiden nöthig zu haben, kann die Menschheit nicht zugeben; denn das uranfänglichste Leiden verlangt die erste Abhülfe, damit nicht Verbrechen daraus entstehen. –

B. B. Der Gedanke, wie dem abzuhelfen ist, muß doch geboren werden; es ist die Geschichte, die Naturverfeinerung des Menschengeschlechts. Der sicherste Beweis dafür ist auch der, daß alle Menschen ihre bestimmte Vollendung erhalten, und daß jeder in den Menschen gelegte, der Geschichte nothwendige Keim, zu seiner vollständigen Entwickelung gelangt.

So steht Sokrates, so Alcibiades als vollendetes Ganze da, und es wäre eine Tollheit, wenn sie fortbestehen sollten. In ihrem Umfang sind sie ein geschlossenes Ganze und können sich nicht weiter ausbilden. Ihre Einzelheiten wird man noch auf das Genaueste studieren, um ein einzelnes Wort noch streiten; ihre Eigenschaften noch im Einzelnen bis auf das feinste immer weiter entwickelt finden, immer wieder zu abgeschlossenen Ganzen in andern Menschen. –

F. v. A. Daß aber, so halb nach muhamedanischem Glauben, jedes Menschen Keim erst seine Vollendung erlangt, ehe der Mensch zu Grunde gehen kann, auch seine Vollendung als Individuum beschließt, so weit er für die Menschheit nothwendig ist, wird mir nicht recht klar. Es giebt zwar Beispiele, wo die Menschen mit dem Alter abnehmen, und zuletzt durchaus nichts mehr zu leisten versprechen. Mit dem Körper sinken sie freilich dahin, so daß uns viele kindisch vorkommen. Aber wenn sie schwach erscheinen, so ist es wohl stets nur in Folge des Körperdrucks. Die meisten bleiben bis in das höchste Alter kräftig. Sehr viele sterben im besten Mannesalter, wo sie noch viel zu leisten versprechen, die meisten unentwickelt. –

B. B. An denen war auch gewiß nichts dran. Ihre Keime bewahrte die Geschichte der Entwickelung doch. Daß kein besonderer Gott, außer in dieser Fortentwickelung besteht, sehen wir vorzüglich an diesem Tappen im Dunkeln, an diesem Zurückschreiten und dann wieder stoßweisen Vorwärtsschreiten. Es wäre auch unverantwortlich von unserm Herrgott, wenn ert bei bewußtem Bestehen irgend Jemand über die Gebühr einen Augenblick nur wollte leiden lassen.

F. v. A. Der Beweis hat viel für sich, wenn man den freien Willen und die belohnende Fortdauer nicht in Anschlag bringt; doch ich möchte auch sagen, bei einer göttlichen Mitempfindung ist der Schmerz gleich groß; wenn die Menschen dann nach ihrer Ansicht also doch zur Selbstentwickelung Gottes oder der Natur nothwendig sind, so muß das Individuum dulden, bis auch ihm einst eine Stelle in der Harmonie angewiesen ist. Wenn der Gott in uns sich immer mehr zum Guten fortentwickelt, was doch unser Hauptstreben erscheint, so müssen sich die schlechten Menschen immer mehr verlieren, dann könnte wenigstens für die Leidenden in der Fortpflanzung ihres Stammes eine Belohnung liegen. Aber leider gehört zur Entwickelung des Guten das schon entwickelte mächtige Böse als Gegensatz. Eine Wandlung nur glaube ich beobachtet zu haben, daß zukünftig die Verbrechen weniger auf die erdige Welt Bezug nehmen werden, als auf die Seele – also weniger auf die Verletzung des irdischen Eigenthumsrechts, als die Gesetze der Liebe. –

B. B. Uebrigens läßt sich gar nicht annehmen, daß ein Mensch zu viel leidet. Ein Moment der Freude wird erst dadurch so kräftig, daß lange Leiden vorhergegangen sind. Erst durch die entwickelten Gegensätze wird das Glück geschaffen. –

F. v. A. Ich kann mir vollständig denken, daß sich das Gute für sich entwickeln kann, ohne Bezug auf den Gegensatz. Unsere Freiheit, nur unser freier Wille, der uns zu unserer individuellen Mannichfaltigkeit, sich selbst von Gott zu seiner Vervielfältigung, gegeben ist, führt uns bisher immer noch auf Irrwege – denn weiter ist das Böse eigentlich nichts – Irrwege, die unser empfängliches Gemüth verpönt, zu deren Erkenntniß jedes harte Gewissen erweckt werden muß. Und diese ewige Erkenntniß müßte bei jedem Kinde von neuem anfangen, bis es selbst, für jede Fortentwickelung erhärtet, nur ein Weiterträger eines zum Guten oder Schlechten verfeinerten Lebenslichtes ist, selbst aber erlischt.

B. B. Wenn Jemand auch zu weiter nichts dient, so kann man dabei nichts vorwerfen, weil er seinen Lohn in sich selber findet. Indem ich lebe, reibe ich mich auf. Ich esse, mich zerstörend. –

F. v. A. Eine allgemeine Gerechtsame muß doch mit der des Einzelnen zusammen fallen. –

B. B. Nein, denn der einzelne Mensch müßte ja daran zu Grunde gehen, wenn er die ganze Menschheit erfassen sollte.

Endnoten

1 Vgl. Bernhard Lauer: Herman Grimm (1828–1901) als Dichter, Zeichner, Kritiker – Eine bio-bibliographische Übersicht. In: Jahrbuch der Brüder Grimm-Gesellschaft 17/18 (2015), S. 9–48; Peter Sprengel: Ein Amerikaner als Romführer. Herman Grimms Romanfragment *Der Landschaftsmaler* (1858/59) und die Wende zur Kunstgeschichte. In: Jahrbuch des Freien Deutschen Hochstifts 2024, S. 293–343.

2 Vgl. die Illustrationen in: Allerlei Rauh [d. i. Armgart von Arnim]: Das Heimelchen. Dämmermährchen. 2. Aufl. Berlin 1848 (sofern nicht von Herman Grimm); Gisela und Bettine von Arnim: Das Leben der Hochgräfin Gritta von Rattenzuhausbeiuns. Hg. v. Shawn C. Jarves. Frankfurt a. M. 1986 (sofern nicht von Herman Grimm); Gisela von Arnim: Märchenbriefe an Achim. Hg. v. Shawn C. Jarvis. Frankfurt a. M. 1991. Zur Biographie vgl. Eva Mey: Ich gleiche einem Stern um Mitternacht. Die Schriftstellerin Gisela von Arnim, Tochter Bettinas und Gattin Herman Grimms. Stuttgart 2004.

3 Im Besitz des Freien Deutschen Hochstifts Frankfurt a. M.; vgl. https://goethehaus.museum-digital.de/object/38265.

4 Vgl. den Jahresbericht 1848 in: Maximiliane von Arnim: Die Grashalme. Tageblätter 1839–1847. Hg. v. Eva Lindemann. In: Dies Buch gehört den Kindern. Achim und Bettine von Arnim und ihre Nachfahren. Hg. v. Ulrike Landfester u. Hartwig Schultz. Berlin [2003], S. 285–387, hier S. 332.

5 Staatliche Schlösser und Gärten Hessen, Bad Homburg, Inv.-Nr. 1.3.461-475. Ich danke Frau Dr. Katharina Bechler (Leiterin Fachgebiet Museen) für ihr Entgegenkommen und Frau Ulrike Fladerer für tatkräftige Unterstützung.

6 Vgl. Günter Grass: Grimms Wörter. Eine Liebeserklärung. Göttingen 2010.

7 Vgl. Peter Sprengel: Das Exil der Götter als Comicstrip. Herman Grimms Beiträge zu einem Heine-Thema. In: Heine-Jahrbuch 44 (2025).

8 Charles Darwin: On the Origin of species by means of natural selection. Or the preservation of favored races in the struggle for life. London 1859.

9 Charles Darwin: Die Abstammung des Menschen und die geschlechtliche Zuchtwahl. 2 Bde. Stuttgart 1871.

10 Vgl. David Kunzle: The History of the Comic Strip, Bd. 1: The Nineteenth Century. Berkeley, Los Angeles, London 1990, S. 28–71.

11 Einsehbar unter: https://archive.org/details/gri_33125008508976/page/n5/mode/2up. Vgl. Alina Bock: Humor im Bild bei Adolph Schroedter (1805–1875). Petersberg 2024.

12 Vgl. Kunzle (Anm. 10), S. 219–226.

13 Holger Ehrhardt: Das Tagebuch Herman Grimms aus dem Jahre 1847. In: Jahrbuch der Brüder Grimm-Gesellschaft 5 (1995), S. 33–105, hier S. 61.

14 Ebd., S. 76 u. 78.

15 Vgl. Über Kritzeln. Graphismen zwischen Schrift, Bild, Text und Zeichen. Hg. v. Christian Driesen u. a. Zürich 2012.

16 Vgl. Das Heimelchen (Anm. 2), nach S. 26 (Koch und Küchengeister in Positur) und nach S. 62 (Pastor Rabe).

17 Ehrhardt (Anm. 13), S. 44, 46 u. 104.

18 Friedrich Weltzien: „Von der armen kleinen Cousine und den bösen Tanten". In: Deutsche Comicforschung 19 (2023), S. 6–19, hier S. 10.

19 Vgl. https://goethehaus.museum-digital.de/object/36641.

20 Weltzien (Anm. 18), S. 9.

21 An Claudine von Firnhaber, 25.12.1851 (Goethe-Schiller-Archiv Weimar, 3/698).

22 URL: https://goethehaus.museum-digital.de/object/36640.

23 Vgl. Weltzien (Anm. 18), S. 9–13. Der Name des ältesten Sohns ist dort irrig mit „Lernerwurm" angegeben.

24 Vgl. In allem einverstanden mit Dir. Bettine von Arnims Briefwechsel mit ihrem Sohn Friedmund. Hg. v. Wolfgang Bunzel u. Ulrike Landfester. Göttingen 2001.

25 Ehrhardt (Anm. 13), S. 81.

26 Ebd., S. 94 u. 97.

27 An Claudine von Firnhaber, 31.1.1852 (Goethe-Schiller-Archiv Weimar, 3/698).

28 Vgl. Friedmund von Arnim an Dorothea Grimm, 27.6.1843 (Staatsbibliothek zu Berlin – Preußischer Kulturbesitz, https://digital.staatsbibliothek-berlin.de/werkansicht?lang=de&PPN=PPN1753157781). Vgl. auch Brüder Grimm: Briefwechsel mit Herman Grimm. Hg. v. Holger Ehrhardt. Kassel, Berlin 1998, S. 60–72.

29 Fr[iedmund] v[on] A[rnim]: Was ist Eigenthum?, darin das einzige Mittel, die jetzigen Staatsgewalten vor den unsinnig communistischen Ideen zu retten, eine Erweiterung von der guten Sache der Seele. Wandsbeck 1843, vor S. 1.

30 Brief vom 2.3.1849, in: … und mehr als einmal nachts im Thiergarten. Bettina von Arnim und Heinrich Bernhard Oppenheim. Briefe 1841–1849. Hg. v. Ursula Püschel. Berlin [1990], S. 223. Zu Friedmund von Arnims Rechtfertigung gegenüber Oppenheims Kritik vgl. seinen Brief an Bettine vom 2.5.1849: In allem einverstanden (Anm. 24), S. 151f.

31 Vgl. Die Welt umwälzen – denn darauf läuft es hinaus. Der Briefwechsel zwischen Bettina von Arnim und Friedrich Wilhelm IV. Hg. v. Ursula Püschel. 2 Bde. Bielefeld 2001.

32 Friedmund von Arnim an Bettine und Jenatz, 16.6.1848. In: In allem einverstanden (Anm. 24), S. 140.

33 F[riedmund] v[on] A[rnim]: Die gute Sache der Seele, ihre eigenen Angelegenheiten, und die aus dem Menschen und der Vergangenheit entwickelte Geschichtszukunft. Braunschweig 1843.

34 Revolutions-Gedanken. Vernunft-Religion und Vernunft- oder Hülfsstaat. Verfaßt von der gesunden Volks-Vernunft. Berlin 1849, S. 279f.

35 Ebd., S. 144.

36 Herman Grimm an Gisela von Arnim, 19.5.1845 (Freies Deutsches Hochstift / Frankfurter Goethe-Museum, Hs-15491).

37 Staatliche Schlösser und Gärten Hessen, Bad Homburg, Inv.-Nr. 6.3.83-1, 31.

38 Vgl. Remigius Brückmann: Politische Karikaturen des Vormärz 1815–1848. Karlsruhe 1984, S. 32 u. 34; Horst Heidermann: Der König war in England gewesen: Preußens kleine Bilderfreiheit 1842/43. In: Europäische Karikaturen im Vor- und Nachmärz. Hg. v. Hubertus Fischer u. Florian Vaßen. Bielefeld 2006, S. 197–246, hier S. 218.

39 Die gute Sache der Seele (Anm. 33), S. 3–10. Das nachfolgende kursiv gesetzte Großzitat umfasst den gesamten Text der „Widmung“ bis auf die ersten acht Zeilen.

Abbildungsnachweis

Die neue Religion:
© Staatliche Schlösser und Gärten Hessen 2025 (CC-BY-SA 4.0).

Abb. 1: Brüder Grimm-Museum, Kassel.
Abb. 2: Hessisches Staatsarchiv Marburg, Best. 340 Grimm, Nr. 187, 45.
Abb. 3: © Freies Deutsches Hochstift / Frankfurter Goethe-Museum (CC BY-NC-SA).
Abb. 4: © Freies Deutsches Hochstift / Frankfurter Goethe-Museum (CC BY-NC-SA).
Abb. 5: © Staatliche Schlösser und Gärten Hessen, 2025 (CC BY-SA 4.0).
Abb. 6: Privatsammlung.

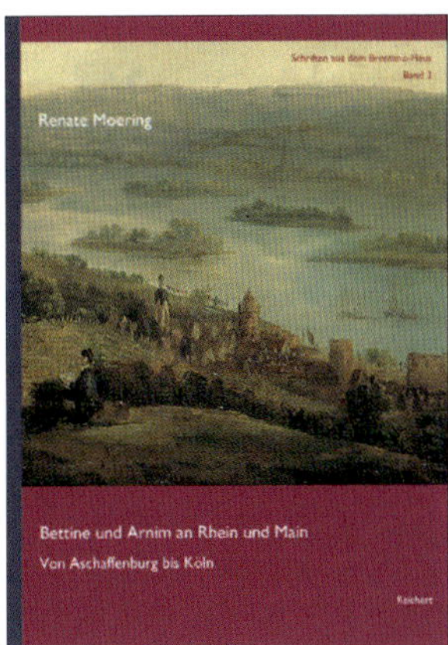

Bettine und Arnim an Rhein und Main
Von Aschaffenburg bis Köln
Von Renate Moering
Schriften aus dem Brentanohaus Bd. 2
2024. 8°. Br., 96 S., 13 s/w- und 41 Farbabb.,
Print: (978-3-7520-0800-5)
eBook: (978-3-7520-0305-5)

Bettine Brentano und Achim von Arnim lernten sich 1802 in Frankfurt kennen. Die Kaufmannstochter deutsch-italienischer Abstammung und der preußische Adlige drückten ihre Anziehung indirekt in Briefen an Clemens Brentano aus. Arnim erkannte Bettines Leidenschaft für „Kunst"; sie antwortete in einem virtuosen Text. Zwei ebenbürtige Persönlichkeiten trafen aufeinander und hielten lebenslang aneinander fest. 1808 verlebten sie glückliche Wochen in Winkel. Dort entstand Arnims Gedicht „Wach auf, du halbgeschloßne Blüth". 1811, nun verheiratet, weilten sie im Rheingau mit der Brentano-Familie. Briefe und Lebenszeugnisse verlebendigen ihre Treffen und Reisen.

Karoline von Günderrode
Eine Annäherung an die Lebensgeschichte der Dichterin und an ihre Spuren in Winkel ab 1806
Von Ute Weinmann
Schriften aus dem Brentanohaus Bd. 1
2023. 8°. Hc., 192 S., 15 s/w- und 109 Farbabb.,
Print: (978-3-7520-0725-1)
eBook: (978-3-7520-0261-4)

Im Band 1 der Schriften aus dem Brentano-Haus präsentiert die Autorin bekannte und neue Quellen sowie ausgewählte Fachliteratur zur bewegten Lebensgeschichte der Karoline von Günderrode (1780-1806). Die philosophische Dichterin der Frühromantik widersprach vehement Geschlechterrollenfixierungen, ersehnte stets freies selbstbestimmtes Leben und authentische Liebe.

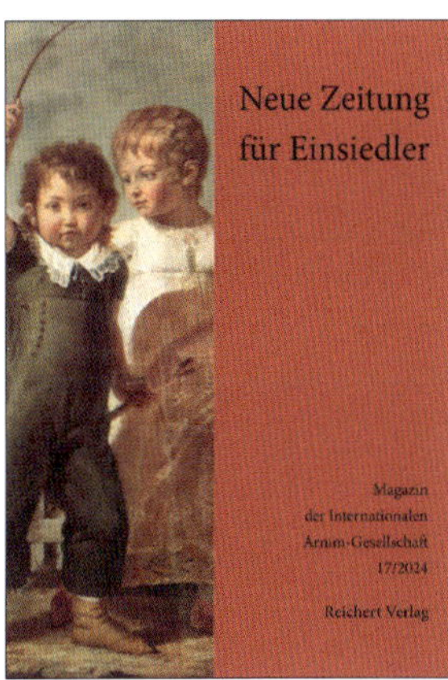

Neue Zeitung für Einsiedler
Magazin der internationalen
Arnim-Gesellschaft
Hg.: Roswitha Burwick
Bd. 17, 2024. 8°. Br., 366 S., 3 s/w- und 20
Farbabb. (ISSN: 1613-3366)
Print: (978-3-7520-0828-9)
eBook: (978-3-7520-0313-0)

Die Neue Zeitung für Einsiedler. Magazin der Internationalen Arnim-Gesellschaft erscheint alle zwei Jahre und ist eine interdisziplinäre Zeitschrift zur Romantik. Sie bietet nicht nur wissenschaftliche Beiträge zur Zeit um 1800, sondern will auch interessante bisher unbekannte Quellen und Texte zugänglich machen. Dieses Jahr enthält der Band neben den literarischen Beiträgen, Miszellen, Berichten und Rezensionen auch die Chronik des jungen Brentano „mit Stimmen der Umwelt bis Ende 1800".

Sigismunde Uhtke. Der weibliche Eremitenblick auf das Theater der Welt
Von Roswitha Burwick
2021. 8°. Br., 186 S., 8 Farbabb.,
Print: (978-3-7520-0010-8)
eBook: (978-3-7520-0557-8)

Der erstmals edierte Weibliche Eremitenblick auf das Theater der Welt stellt die Schlesierin Sigismunde Uhtke vor, die, an der Nahtstelle zur Moderne, ein progressives Frauenbild entwirft, das entscheidend zur individuellen und gesellschaftlichen Umgestaltung beizutragen sucht. Uhtkes Text wird damit zum Zeugnis für die Umbruchszeit, in der festgefügte Formen hinterfragt und das weibliche Schreiben über ein einseitig geschlechtsspezifisches Denken hinausgeht. Mit ihrem Appell an Frömmigkeit, Vernunft und Gefühl befürwortet sie einen Tugendkatalog, der auf der Denk- und Entscheidungsfähigkeit eines ethisch-moralisch gebildeten Menschen beruht und damit auch die weibliche Persönlichkeitsentfaltung ermöglicht.

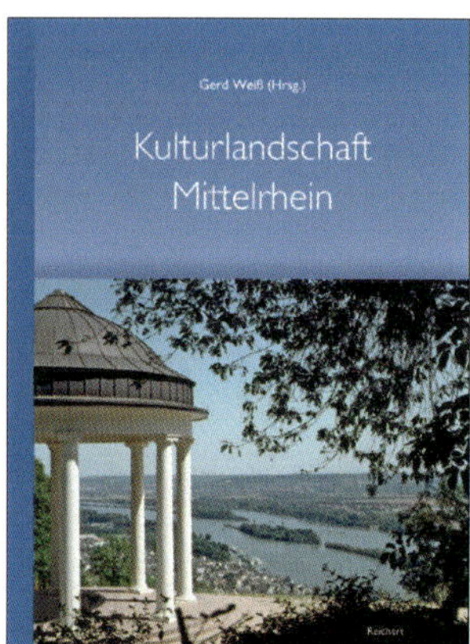

Kulturlandschaft Mittelrhein
100 Jahre Mittelrheinische Gesellschaft zur Pflege der Kunst
Hg.: Gerd Weiß
2024. 8°. Geb., 304 S.,
40 s/w- und 298 Farbabb.
Print: (978-3-7520-0780-0)
eBook: (978-3-7520-0296-6)

In dem anlässlich des 100jährigen Bestehens der „Mittelrheinischen Gesellschaft zur Pflege der Kunst" herausgegebenen Sammelband stellen 17 Autorinnen und Autoren die Kulturlandschaft Mittelrhein umfassend vor. Der erste Teil versammelt Aufsätze zur Geschichte und Entwicklung der Kulturlandschaft, ihrer Gärten und ihrer Rezeption. Im zweiten Teil werden neue Forschungsergebnisse zu den herausragenden Denkmälern des Rheingaus präsentiert. Den Abschluss bildet eine Darstellung der Geschichte des 1924 in Wiesbaden gegründeten Vereins, der unter anderem die Restaurierung zahlreicher Denkmäler des Mittelrheins unterstützte.

Achim von Arnim —Bettine Brentano verh. von Arnim. Briefwechsel
Von Renate Moering
2018. 8°. Br., 3 Bände im Schuber, 1512 S., 79 s/w- und 46 Farbabb.,
Print: (978-3-95490-377-1)

Der Briefwechsel zwischen Achim von Arnim und Bettine Brentano, dem preußischen adligen Schriftsteller und der genialischen Frankfurter Kaufmannstochter, ist hier vollständig, nach sämtlichen Autographen neu gelesen, abgedruckt. Dabei wurden nicht nur zahlreiche ausgelassene Passagen endlich aufgenommen, sondern auch eine Unmenge von Lesefehlern bereinigt. Eine Fülle von Zeitgenossen ist in den Briefen genannt, auch hier gibt es viele Entdeckungen, wie etwa den Hanauer Maler Pelissier. Malerei, Musik und Architektur beschäftigte Arnim wie Bettine neben der Dichtung; Goethe war beiden dafür ein erhoffter Dialogpartner.

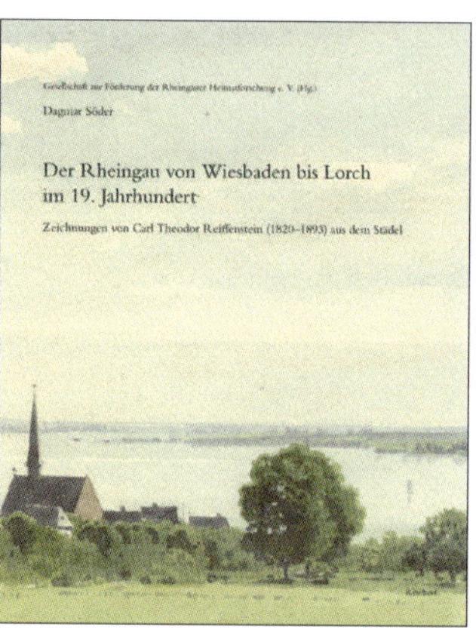

Der Rheingau von Wiesbaden bis Lorch im 19. Jahrhundert
Zeichnungen von Carl Theodor Reiffenstein (1820–1893) aus dem Städel
Hg.: Dagmar Söder – Gesellschaft zur Förderung der Rheingauer Heimatforschung
2020. 4°. 184 S. mit zahlr. Farbabb.
Print: (978-3-95490-514-0)
eBook: (978-3-7520-0567-7)

Carl Theodor Reiffenstein (1820-1893) war ein Frankfurter Architektur- und Landschaftsmaler der Romantik. Seine Aufzeichnungen und Bilder stellen heute die wertvollste Quelle für das Leben in der Frankfurter Altstadt im 19. Jahrhundert dar. Aber auch der Rheingau hatte es ihm angetan. Hier fand er eine Landschaft und Objekte, die seiner romantischen Sicht entsprachen. Aus Anlass des zweihundertsten Geburtstags des Malers veröffentlichen die Rheingauer Heimatforscher seine Zeichnungen und Gemälde mit Motiven aus dem Rheingau zwischen Wiesbaden und Lorch. Rund 350 Zeichnungen und Skizzen aus der Graphischen Sammlung des Frankfurter Städel Museums vergegenwärtigen uns diese Kulturlandschaft in der Zeit der Rheinromantik.

Goethe in Wiesbaden 1814 und 1815

Band I: Tageschronik. Tagebucheinträge, Briefe, Gedichte, Gesprächsaufzeichnungen, Rechnungen
Band II: Briefwechsel
Band III: Begegnungen und besuchte Stätten

Dokumentation herausgegeben von Carsten Stahmer
in Zusammenarbeit mit Ulrich Kirchen
und Hartmut Schmidt

2019. 8°. Geb., 3 Bände im Schuber, 1436 S., 229 s/w- und 75 Farbabb.,
Print: (978-3-95490-378-8)